本成果受国家重点研发计划(项目批准号：2020YFA0908604)、国家社科基金重大项目"新时代中国预算绩效管理改革研究"(项目批准号:19ZDA072)和复旦大学国际关系与公共事务学院资助。

赵剑治 徐晓蕙 著

Studies on Government
and Non-Governmental
Organizations Cooperation
in International Development

国际发展中政府与社会组织的合作研究

中国社会科学出版社

图书在版编目（CIP）数据

国际发展中政府与社会组织的合作研究／赵剑治，徐晓蕙著． -- 北京：中国社会科学出版社，2025．6．
ISBN 978-7-5227-4664-7

Ⅰ．D822.2

中国国家版本馆 CIP 数据核字第 20242Q2E47 号

出 版 人	赵剑英
责任编辑	郭曼曼
责任校对	韩天炜
责任印制	李寡寡

出　　版	中国社会科学出版社
社　　址	北京鼓楼西大街甲 158 号
邮　　编	100720
网　　址	http://www.csspw.cn
发 行 部	010-84083685
门 市 部	010-84029450
经　　销	新华书店及其他书店
印　　刷	北京君升印刷有限公司
装　　订	廊坊市广阳区广增装订厂
版　　次	2025 年 6 月第 1 版
印　　次	2025 年 6 月第 1 次印刷
开　　本	710×1000　1/16
印　　张	11.75
字　　数	202 千字
定　　价	68.00 元

凡购买中国社会科学出版社图书，如有质量问题请与本社营销中心联系调换
电话：010-84083683
版权所有　侵权必究

前　言

随着中国国家国际发展合作署在 2019 年 1 月正式成立，中国在国际发展合作领域的参与度与影响力不断扩大。长久以来，经济合作与发展组织（OECD）国家是国际发展工作中的主力军，但是，国内学术界对 OECD 国家参与国际发展的具体方式及其政策效果的系统了解相对较少。本书在梳理当今 OECD 国家政府与社会组织合作现状的基础上，采用前沿的定性与定量研究方法，分析了 OECD 国家在参与国际发展过程中政府与社会组织的合作特点，以期为中国进一步参与国际发展合作提供来自 OECD 国家的理论与实践依据。本书具体结构如下。

第一章主要关于为什么国际发展援助中政府与社会组织需要合作。首先介绍发达国家的政府援助普遍存在会受到政治干预，以及政府援助的效率本身无法得到提升的困境，并从四个角度总结了国际发展中政府与社会组织需要合作的原因，最后通过一个理论框架介绍了政府与社会组织的合作模式。

第二章主要介绍美、英、法、德、日五个发达国家在对外援助领域与社会组织合作的政府机构及其具体的资助机制。第三章在第二章的基础上进一步对这五个国家的政府与社会组织合作模式进行了对比与总结。

第四章到第六章主要以美国国际开发署为对象，研究了其项目援助的各个方面。第四章介绍对外援助中的项目制外包，分析了美国国际开发署购买服务的运作流程、价值理念与不足之处。第五章介绍对外援助中的合同式治理，探索了美国国际开发署与社会组织的关系演变及其带来的援助效果。第六章则具体探讨了美国国际开发署对社会组织的资助如何受到其管理费用的影响。

2　国际发展中政府与社会组织的合作研究

第七章和第八章为国际发展中政府与社会组织合作效果的比较研究。第七章选取了日本国际协力机构和美国国际开发署这两个具有代表性的案例，探讨了美日两国政府与社会组织不同的合作模式。第八章进一步关注国际发展中政府与社会组织合作效果的决定因素。通过分析援助国与被援助国宏观环境、合作的社会组织水平、项目条件三方面因素对对外援助项目结果的影响，识别出政府与社会组织在对外援助上的合作效果提升的驱动路径，并对中国政府如何开展发展援助实践提出了政策建议。

第九章从新兴技术视角出发，以合成生物学为例，讨论了在国际发展背景下中国政府如何与国际科技类组织合作，参与国际科技治理。

目　　录

第一章　国际发展中政府与社会组织合作的背景和必要性 …………（1）
　　第一节　国际发展援助的现状 ……………………………………（1）
　　第二节　国际发展援助的有效性和政治驱动力 …………………（3）
　　第三节　国际发展援助中政府与社会组织合作的必要性 ………（7）

**第二章　国际发展中的政府与社会组织合作：比较视角下的
　　　　　现状分析** ………………………………………………（20）
　　第一节　美国政府与社会组织合作的现状 ………………………（20）
　　第二节　英国政府与社会组织合作的现状 ………………………（25）
　　第三节　法国政府与社会组织合作的现状 ………………………（29）
　　第四节　德国政府与社会组织合作的现状 ………………………（33）
　　第五节　日本政府与社会组织合作的现状 ………………………（36）

**第三章　国际发展中的政府与社会组织合作：比较视角下的
　　　　　挑战与机遇** ……………………………………………（39）
　　第一节　政府与社会组织合作的比较 ……………………………（39）
　　第二节　政府与社会组织合作的挑战与机遇 ……………………（46）

第四章　对外援助中的项目制外包：以美国国际开发署为例 ……（49）
　　第一节　政府购买服务的典型模式 ………………………………（50）
　　第二节　项目制外包：美国国际开发署购买对外援助
　　　　　　服务模式 ……………………………………………（53）

第三节　美国国际开发署项目制外包购买服务模式中的
　　　　经验与不足 ………………………………………………（60）
结论与展望 ……………………………………………………………（64）

第五章　对外援助中的合同式治理：以美国国际开发署为例 ……（65）
第一节　背景与相关文献介绍 ………………………………………（67）
第二节　从零碎到正式：1961—1973 年 …………………………（72）
第三节　螺旋式波动：1974—2001 年 ……………………………（76）
第四节　继承中调整：2002 年至今 ………………………………（84）
研究结论、展望及对中国的启示 ……………………………………（90）

第六章　国际发展中政府与社会组织的关系研究：基于
　　　　管理费用的视角 ………………………………………………（94）
第一节　相关理论与分析框架 ………………………………………（96）
第二节　数据与研究方法介绍 ………………………………………（99）
第三节　定量回归分析 ……………………………………………（103）
研究结论与讨论 ……………………………………………………（106）

第七章　国际发展中政府与社会组织合作效果的比较
　　　　案例研究 ……………………………………………………（110）
第一节　日本国际协力机构案例：地方治理和权力
　　　　下放项目 ……………………………………………（111）
第二节　美国国际开发署案例：加强民众参与 …………………（114）

第八章　国际发展中政府与社会组织合作效果的决定
　　　　因素研究 ……………………………………………………（117）
第一节　文献综述与分析框架 ……………………………………（122）
第二节　数据分析与定量回归分析 ………………………………（129）
第三节　基于 QCA 的定性比较分析 ……………………………（133）
研究结论、展望及对中国的启示 …………………………………（141）

第九章 国际发展背景下中国与国际科技类组织的合作：
　　以合成生物学为例 …………………………………（145）
　第一节　引言 ……………………………………………（145）
　第二节　国家如何参与国际科技治理 …………………（146）
　第三节　合成生物学的国际治理体系 …………………（147）
　第四节　中国参与国际科技治理：以合成生物学为例 ………（154）
　结论 ………………………………………………………（157）

参考文献 ……………………………………………………（158）

第一章　国际发展中政府与社会组织合作的背景和必要性

第一节　国际发展援助的现状

根据OECD官网提供的官方数据，首先，如图1-1所示，从DAC①成员国的官方政府援助（ODA）金额变化情况来看，从1960年到2020年，由OECD国家提供的ODA占国民总收入（GNI）的比重在1960年为0.5%，到1970年就下降到0.35%，此后基本保持在0.35%的水平。与此同时，如图1-2所示，ODA的援助金额逐年上升，从1960年的400亿美元上升到2020年的1800亿美元，这表示有更多的国际性社会组织（INGO）加入国际援助的队伍，其提供的援助金额也相当可观。近十年OECD的DAC成员国提供的官方援助中，双边援助始终占60%，多边援助占40%。而多边援助具体分为两种形式：核心捐款（core）和专项捐款（earmarked）②。在多边援助中，核心捐款的比例一直在2/3，而专项捐款一直在1/3。专项捐款虽属于多边援助，但其形式与双边援助相同，所以总体来说政府官方援助中双边援助占主导地位。

根据OECD的官方资料，从近几年ODA的发展趋势可以看到，ODA资金流向与受援国需要资金的程度并不完全一致。2019年，符合条件的

---

①　发展援助委员会（Development Assistance Committee，DAC）是经济合作与发展组织属下的一个论坛，旨在讨论发展中国家的援助、发展、减贫问题。
②　多边援助分为两类：核心捐款是指直接添加到多边发展组织总预算中的资金，专用捐款则指定捐款用于特定区域、国家、主体或部门的项目。

2　国际发展中政府与社会组织的合作研究

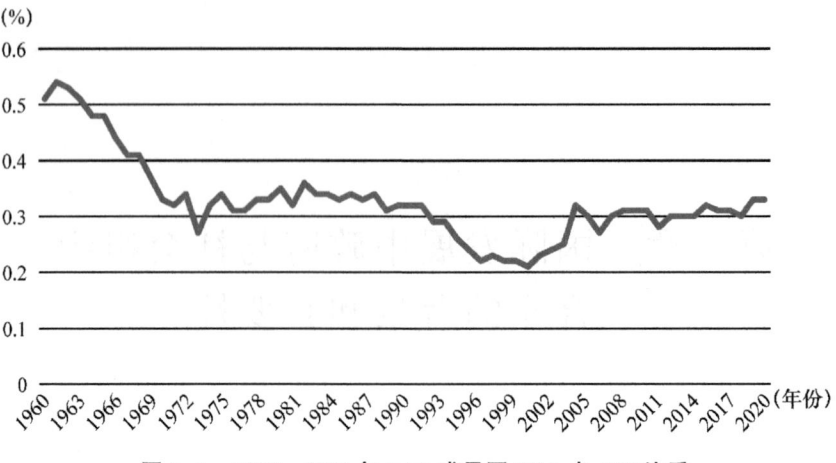

图 1-1　1960—2020 年 DAC 成员国 ODA 占 GNI 比重

资料来源：OECD。

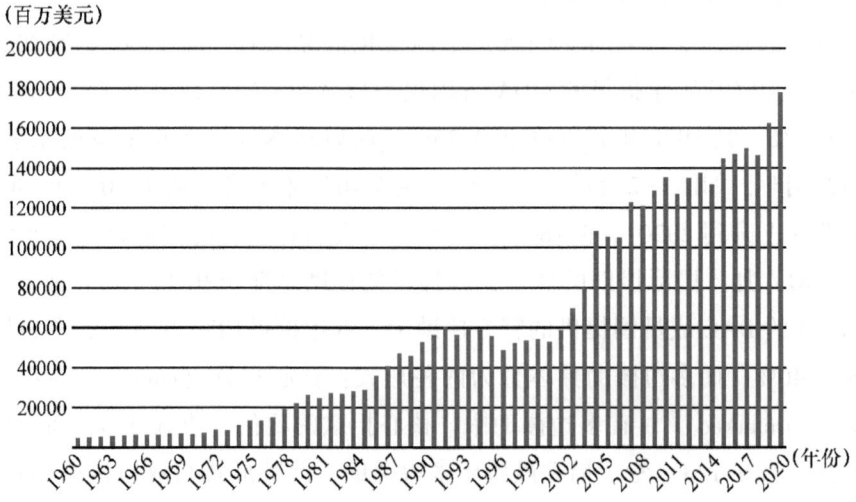

图 1-2　1960—2020 年 DAC 成员国 ODA 援助金额变化

资料来源：OECD。

前 5 个官方发展援助受援国是印度、阿富汗、孟加拉国、叙利亚和约旦。这 5 个国家获得的官方发展援助占双边官方发展援助总额的 10% 以上，其中印度获得的份额为 3.6%。DAC 成员国最大的 10 个官方发展援助受援国中有5个是最不发达国家，其余5个是中等收入国家（印度、孟加拉国、约旦、伊拉克和肯尼亚）。

此外，多边援助的资金发展也呈现出一些变化。多边资金的增长主要是由于多边系统提供的专用援助的增加。专用援助的增加主要归因于过去十年中人道主义干预的激增。2018年，人道主义援助占DAC成员国专用资金总额的约44%，其次是社会（约17%）和治理干预（约13%）。这三个部门占多边发展系统2018年收到的专用捐款的近75%。专用捐款的增加引发了人们对多边援助日益"双边化"的担忧。一些研究指出，如果不同时增加核心援助的话，专用援助的持续增长可能会损害多边效力，其带来的可能的负面影响包括：（1）专用资金流的分配与多边组织的战略优先事项不匹配；（2）使用专项资金将多边计划引向捐助者的地缘政治利益；（3）减少伙伴国的所有权，特别是对于非特定国家的专用资金；（4）缺乏捐助者的协调和问责制。

第二节　国际发展援助的有效性和政治驱动力

从双边援助来看，过去50年里，西方在非洲主导的国际发展援助总量很大，但是非洲的经济增长和减贫效果皆不佳。美国纽约大学威廉·伊斯特利（William Easterly）教授是世界银行前经济学家，他在著作《经济增长的迷雾》中剖析了西方援助低效的原因。他指出，过去几十年的援助经验表明，单纯地增加对贫困地区的资金并没有达到预期的效果，甚至会增加腐败。他利用了经济学中"激励"的概念，认为政府援助没有针对"人的激励"实施援助项目，是项目失败的根源。他提出，如果受援助国的政府比较腐败，那援助即使落入其手中也不会对其地区经济增长有益。一个客观事实是，发展中国家的政策是影响发展成果的主要因素。OECD认为，援助不能取代诚实和有效的政府，发展努力的成功主要取决于发展计划和政策的健全性以及受援国执行这些计划和政策的能力。发展合作只有在"与有效的自助努力相匹配，包括发展中国家本身健全的经济、社会和金融政策"的情况下才能发挥作用。另外，对于受到援助后经济增长情况改善的受援国，援助国政府会选择减少对这些国家的援助，相反，会增加对收入下降的国家的援助。他对这种做法存疑，认为援助应该发放给最值得发放援助（具有良好经济政策）的国家。此外，2019年诺贝尔经济学奖得主班纳吉和迪弗洛（2020）认为，一些援助项目失效的原因是发达国家开发的技术并不适合当地的发展，这些技术通常消耗了太多的能源，需要雇用许多受过教育的工人，并要使用昂贵的机器。

不仅是项目的效率层面，大量研究已经表明，正是因为政府援助的官方性，不仅是双边援助、多边援助会受到援助方的政治影响，双边援助也会比较明显地受到援助国的经济利益、政治利益支配。大量研究发现，美国的双边援助主要受地缘政治影响（尤其是在冷战期间），其次是出于商业利益。Kuziemko 和 Werker（2006）发现，若一个国家是联合国安全理事会非常任理事国，美国会增加对这个国家的双边援助，反之则会减少双边援助。而前文的研究提到的多边援助中的专用捐款，Eichenauer 和 Reinsberg（2017）发现，专用援助对双边援助具有替代作用。从捐助国政府的角度出发，相较传统双边援助，捐助者更喜欢专用援助和其他非国家援助的交付渠道。一些捐助者会使用专用援助来协助冲突后国家的发展。

Milner（2006）、刘民权和张玲玉（2017）认为，与双边援助相比，多边援助的主要优势在于国际组织的专业性、消除贸易性援助、与受援国的互动更难政治化，使得单个援助国的外交政策更难反映出来。但事实上，在多边援助领域，相关机构的独立性依然受政治影响，这已是不争的事实。Milner 和 Tingley（2015）认为多边援助受美国国内政治影响，有益于美国政府的利益。例如，当美国政府与美国国会之间关系紧张时，美国政府会对国际组织施加更多的压力，让国际组织提供资源来支持美国政府的目标。更多的研究从国际政治视角出发，主要聚焦多边开发银行项目的分配结果（包括项目数量、项目金额），将项目分配结果的公平有效性视为国际组织独立性的基本展现。Dreher 等（2009）发现若受援国在联合国安全理事会上占有一个非常任理事国席位，那么这个国家获得通过的项目数量会更多。类似地，Kaja 和 Werker（2010）

发现在一国担任世界银行执行董事期间，该国从国际复兴开发银行获得的贷款金额会显著提高。Fleck 和 Kilby（2006）对 1968 年至 2002 年世界银行贷款份额的数据进行了面板分析，发现了美国贸易利益与世界银行贷款份额之间的关系。与购买更多美国出口产品的国家相比，购买较少美国出口产品的国家获得世界银行贷款的比例较小。这一研究还表明，接受较少美国双边援助的国家同样在世界银行贷款中所占份额较小。

除了世界银行，在其他多边开发银行也有相似的研究发现。Kilby（2006）发现在亚洲开发银行决定一个援助项目时，受援国带来的贸易和地缘政治利益超过了人道主义因素。特别是日本贸易伙伴和受日本双边援助的国家更有可能获得亚洲开发银行资金，这表明日本对亚洲开发银行的项目具有政治影响力。在此基础上，Lim 和 Vreeland（2013）发现日本利用其在亚洲开发银行内的政治影响力，为联合国安全理事会（UNSC）中实现其更广泛的外交政策目标的国家提供优惠贷款。Stone（2011）的研究表明，在国际货币基金组织（IMF）中，大股东能够扭曲贷款的分配，从而破坏附加条件的执行。与 IMF 主要股东有特殊关系的国家在向 IMF 借款时，能够避免广泛的附加条件。几乎在所有情况下，证据都表明对 IMF 施加影响的强大股东是美国。虽然美国只有 17% 投票权，但 IMF 将大量权力下放给管理层，削弱由各成员国组成的执行董事会的权力，使其无法进行有效监督，造成了股东之间以及股东与管理层之间严重的信息不对称。授权、监督不力和缺乏透明度增加了美国施加非正式影响力的可能性。

一个多边开发银行的项目在各个阶段①都会以各种形式受到政治影响，目前学术界也已做了一些研究。在项目准备阶段，Kilby（2013）在对世界银行项目准备时间长短的研究中发现，当受援国在联合国大会上就美国认为重要的措施与美国一起投票，占据联合国安全理事会的一个非常任理事国席位，或者有自己国家的国民在世界银行执行委员会中时，

---

① 以世界银行为例，其项目，从最初的项目识别，到最后项目的完成与评估，需要经历多个阶段的项目周期。以世界银行为例，世界银行的项目过程包括项目识别、项目准备、项目第一次评估（appraisal）、项目批准、项目实施、项目第二次评估（evaluation）。

项目准备的时间就会缩短。① Clark 和 Dolan（2021）在关于世界银行批准拨款所需的政策条件的研究②中发现，与美国在联合国大会中投票一致的受援国会被世行要求更少和更加软性的国内政策改革③，美国对这个国家援助的宏观经济条件也相对宽松。

而在项目批准阶段，Strand 和 Zappile（2015）发现，除受援国的需求之外，美国会对趋于更加民主、有更好的人权记录、开放贸易的欠发达地区的项目给予支持，受援国对美国的长期经济、政治或军事利益可能超过短期政治或军事利益的影响。Braaten、Orozco 和 Strand（2019）发现，对于环境项目，在国家层面，环境保护主义在有限程度上影响了美国在多边开发银行中的投票行为。另外，随着美国向受援国提供的军事援助金额增加，美国投反对票或弃权票的可能性会减少。

在项目实施阶段，Kilby（2009）发现在世界银行项目拨款时，如果一个国家在联合国大会中与美国投票一致，即便该国在宏观经济上的表现不佳，也能够获得更多的世界银行结构调整贷款（structural adjustment loan）拨款。Kersting 和 Kilby（2016）发现如果受援国政府在地缘政治上与美国保持一致，那么在竞争激烈的政治选举前，世界银行的项目支付就会加速，但如果受援国政府与美国不结盟，项目支付就会减速。

在项目评价阶段，Kilby 和 Michaelowa（2019）聚焦了世界银行独立评估小组 IEG 对项目的评价结果。首先，研究表明受援国的联合国安全理事会非永久成员资格会使其项目获得的评级更高，而更高的评级会给该国家带来政治或财务上的切实利益。其次，研究还发现如果受援国在执行董事会担任执行董事，并且评级结果是降级，那么这一坏消息的发布将延迟两倍。相反，如果评级结果升级，则评级发布速度没有变化。研究者认为评级发布的推迟可能会影响受援国内部的选举或获得额外援助资源。

---

① 项目准备时间是指一个项目从确定到批准的时间。Kilby（2013）认为项目准备时间可以视作项目准备的成本。准备时间越短，意味着成本越小。

② 这种政策条件尤其发生在世行提供一般预算支持（包括贷款、技术运行支持等），而不是只有贷款。

③ 而且值得注意的是，研究者指出这种政策改革是在世行职员执行项目时自然提出的，这种倾向是出于世行职员对自己职业前景的顾虑或是自己本身持有的亲美特征。

第三节 国际发展援助中政府与社会组织合作的必要性

毫无疑问，援助可以增加就业和创业的激励、机会和能力，提供快速就业增长的包容性劳动力市场，提供更广泛接触人口的金融体系和有效的监管体系，可以帮助资源和劳动力从传统活动向新的、更具生产力的活动转移创造条件，从而提高整体生产率。但是，目前从学术研究和现实观察可以发现，国际发展中，如果单方面地由政府或社会组织展开项目，会存在如下至少四个方面的问题。

一 政府规模与财政支出面临压力

第二次世界大战结束后，西方各国政府扮演着国际发展援助的主要角色，但这种局面在20世纪70年代被逐步改变。首要原因是西方国家经济持续不景气，同时面临着政府规模不断增大与财政支出不断增长的双重压力，管理者担心政府难以有效地提供公共服务，想要削减国家的负担或提高国家的驾驭能力（李小云，2019）。OECD在1960年成立DAC之初，曾对ODA的金额制定了目标——占国民收入的0.7%。但是，这一目标始终没有达到，如图1-1所示，近年一直徘徊在0.35%左右。第二次世界大战结束后的30年间，欧美国家的经济增长速度，超过了任何历史时期，而图1-1中，在1960年年初，DAC成员国的ODA占GNI比重也是最高的。但在此后，虽然技术进步仍在持续，但经济增长却明显放缓，全要素生产率的增长速度只有此前的1/3，并且从目前的世界经济增速来看，没有任何证据能够证明经济增长的态势会恢复到第二次世界大战后30年的水平（班纳吉和迪弗洛，2020）。与此同时，还有发达国家老龄人口比例上升，导致政府的财政支出不断上升。目前，OECD各国的财政收支并不乐观，大部分国家都入不敷出，且有不少国家政府累积的财政赤字高涨，根据OECD官网数据，2019年OECD国家的平均财政赤字占GDP比重为80%，日本、美国的占比更高，分别为

235%和135%。在这种情况下，政府更需要与专业的社会组织进行合作，一是可以减轻政府的压力，二是可以与具有专业背景的社会组织进行优势互补。

另外，从事实来看，Dietrich（2016）认为，政府与社会组织的合作程度差异本身就主要取决于国家对国家在公共服务提供中所起作用的不同取向。高度重视市场效率的国家（例如美国、英国、瑞典）把援助交付外包给治理不善的受援国，以提高援助到达服务预期受益者手中的可能性。相比之下，在服务提供方面强大的国家（例如法国、德国、日本）继续支持国家提供援助。但是，近年来正是因为这些国家在政府服务（如社保服务）方面偏社会主义而非市场主义，同时发达国家的人口结构发生变化，导致其财政收支严重亏损。所以，无论是"小政府"还是"大政府"，在国际发展领域发达国家增强与社会组织的合作是必然趋势。

二 官方援助的动机和有效性逐渐受到质疑

Vreeland（2019）对国际组织如何受到援助国影响进行了系统梳理。首先是布雷顿森林体系的产物——国际货币基金组织和世界银行。对于IMF，学者们主要从外交政策目标（例如确保对应对安全威胁的行动的支持）和经济利益（例如救助对其国内经济具有重要意义的银行）的角度来衡量主要股东的利益。外交政策利益的衡量标准包括殖民历史、联合国大会的投票模式以及联合国安全理事会的临时成员资格（最后一项措施规定了可靠的因果关系，因为就参与IMF的方案而言，联合国安全理事会的成员是准随机的）。同样地，在世界银行，外交利益（受援国在联合国大会的投票立场）与经济利益（对受援国的商业投资额）都在一定程度上决定了世界银行对受援国的拨款情况。不过，学者们也发现，只有当国家面临过多的短期债务或偿债时，政治动机才会产生不利影响。在联合国，政府用钱换取政治影响力、贿赂选票，并且这会对受援国的发展和民主统治带来负面影响。这些事实证明，一些援助国利用援助来促进对受援国的贸易出口，而有些国家则通过提供官方发展援助来"购买"在国际舞台上的政治支持，不过值得注意的是，当受援国治理能力不足时，官方援助并不起作用。例如，Kono 和 Montinola（2013）通过研究发现，外国援助促进了民主国家的经济发展，但不包括专制国家的经济发展。虽然对这种现象的解释各不相同，但一个共同的主题是专制国家更有可能滥用援助。他们认为专制国家比民主国家更有可能将发展援助转移到军队。

故而，以世界银行为代表的国际组织一直呼吁让社会组织更多地参与国际援助，成为"发展选择"的供给者，更好地提供以人为中心和基层驱动的发展方式。在对外援助领域，社会组织具有社会性、灵活性、专业性、国际性等特征，在塑造国家形象、夯实民意基础、服务经济社会发展，以及参与全球治理、服务构建新型国际关系和人类命运共同体等方面发挥重要作用。例如在全球抗击新冠疫情过程中，以比尔及梅琳达·盖茨基金会为代表的社会组织对非洲多国医疗和物资的捐赠得到国际社会的肯定。

三 社会组织容易寻租

鉴于国际援助中社会组织的专业性，目前西方国家政府在国际援助中将大量项目以外包或者资助的方式给予国际援助类社会组织。根据美国国会研究处（Congressional Research Service）的估计，在美国政府2018 财年的对外援助中，近72%的项目通过外包或资助的形式被给予国际援助类社会组织。然而，这种紧密的合作关系也招致了许多批评，比如容易滋生寻租空间，援助资金无法真正进入受援国家，从而降低了援助有效性。

在经济和政治术语中，"寻租"指的是个人和利益集团为游说和利用与政府的联系以获得特权和优势而进行的支出。即使它们是合法的，这些支出最终也会减少社会财富并产生负面影响。国际合作或对外援助的最大和研究最少的问题之一就是寻租。在美国，已经建立了一整套游说和联系机构以管理美国政府各种基金提供的大量资源（在建筑合同、国防、卫生和其他领域有数十亿美元资金）。目前的政策允许致力于管理这些基金的公司和社会组织为项目的实施提供商品或服务。由于与不同行政部门的联系及其在管理官僚机构和获得合同、赠款和合作协议方面的有效性，被称为"环城强盗"的营利性承包商因其在华盛顿特区附近的业务而受到高度批评，这些业务产生了一个团结系统，并创造了用税收资金维持百万美元运营的合法方式。从营利性公司的角度来看，人们可以理解它们的策略以及它们使用合法的东西来使自己受益。但是有一群"运营商"是社会组织，它们的表现与私人承包商相同或更差。

Mercier（2019）对美国国际粮食援助计划中的寻租行为进行了分析。研究发现，美国国际粮食援助计划为何未能实现其目标且效率不高，是因为项目实施者的总体目标是创造收入、管理费用，而不是减轻全球饥饿。Sollenberg（2012）进行了一项关于外国援助和武装冲突的寻租研究，她发现"外国援助如何激励精英之间的寻租争夺"，并由于依赖国际环境，内部行为者会延长冲突的持续时间。

四 全球化趋势的变化导致政府间合作变难

OECD 国家认识到，近年来包括发展合作在内的全球政治环境正在不断变化和演变，受到不确定性的影响。民粹主义、全球化反弹甚至本土主义正在影响几个经合组织国家（以及"全球南方"）的政治和政策制定，对 ODA 产生重大影响。关于官方发展援助规范、援助实效和人道主义目标的共识已经破裂，捐助国的国家商业和安全利益日益影响议程。Hammerschmidt 等（2022）通过实证研究对 25 个 OECD 国家做了分析，发现民粹主义激进右翼政党（PRRP）在政府中所占的比例越大，花费的外国援助就越少。他们关于对外援助的发现对于更广泛地理解民粹主义激进右翼政党对外交政策制定的影响具有重要意义。Hackenesch 等（2022）则发现 21 世纪以来，民粹主义激进右翼政党在欧洲的选举支持率增加了一倍多。通过跨国小组分析，他们研究了 PRRP 的上升在多大程度上影响了欧洲的对外援助支出。他们发现，虽然 PRRP 的增加与外国援助的总体减少无关，但它导致了援助资金使用方式的变化。减贫战略文件的加强与用于遏制移徙目标的援助份额增加有关，而用于应对气候变化和多边组织的援助份额减少。他们因此得出结论，PRRP 的"选举威胁"在气候与发展关系和对多边主义的援助方面都面临压力。

而与此同时，社会组织越来越多地被视为全球治理的组成部分，与国家、政府间组织和企业行为者合作。事实上，社会组织本身在国际关系理论的发展中发挥了作用，例如伦敦和平协会帮助推进了战争与和平理论，妇女社会组织在女权主义国际关系理论的发展中发挥了重要作用。Lee（2010）考察了从1982年到2000年126个国家促进社会组织发展的条件。为了解释世界各地社会组织的不均衡增长，他测试了两种相互竞争的理论方法。"自上而下"的增长视角侧重于一个国家融入世界政体和国际经济的程度。"自下而上"的观点强调民主的发展和国内经济的繁荣是促进社会组织在特定国家内增长的重要因素。他的实证分析结果表明，全球和国家层面的经济和政治因素都解释了社会组织的崛起。他进一步提到，要谨慎解释全球化对社会组织增长的影响，在经济因素上，全球化对自由贸易的负面影响程度，以及世贸组织和国际货币基金组织等国际经济组织的活动，可能推动社会组织在某一国家的发展或参与。在政治因素上，参与政府间组织与社会组织的扩散呈正相关，这一结果说明政府间组织的资金和政治准入为社会组织的增长提供了有利的环境。各国参与政府间组织可能会对社会组织的扩散产生积极影响。

从以上四个原因可以看到，社会组织逐渐与政府建立伙伴关系，融入发展援助的主流体系。政府、政府间组织和社会组织在政府和社会领域边界上的合作通常被视为"全球治理"的典范，是指导政治事务和全球经济的一种具有包容性、合作性的方式。现有的文献有很多研究社会组织的，主要聚焦在社会组织本身（比如社会组织的策略、资源和实力），并倾向于将社会组织认作"第三股力量"，在国际事务领域中充当了国家政府和其他主体的竞争对手，较少涉及社会组织与政府间组织的合作关系。在国际治理领域，有积极探讨社会组织更广泛作用的文献，但没有一个一般的理论解释政府间组织与社会组织合作关系的出现以及转变的模式。有些时候，即使面对外部压力，政府间组织也不愿与社会组织合作。而在国际发展领域，政府间组织—社会组织的合作尤为密切。政府间组织与社会组织为什么，以及在什么条件下能够实现合作？在进入之后几章的专题讨论之前，我们将结合Steffek（2013）的研究，通过一个简单的理论框架对国际发展中政府间组织与社会组织实际的合作方式有一个初步认识。

Steffek 首先将理性制度主义作为构建理论框架的基础，认为政府间组织和社会组织的合作或是不合作都是基于最大化效用的原则。如下所述，该理论框架将政府间组织和社会组织两方的合作动机都纳入考量，并能够解释合作的成功和失败两方面的情况。该理论框架确定了对政府间组织和社会组织在政策周期所有阶段的合作的形成激励和障碍的因素。

政府间组织—社会组织的合作有两种因素：社会组织主动将自己推入政府间组织全球治理框架的推动因素（push factors），政府间组织将社会组织拉进全球治理框架的拉动因素（pull factors）。[①]

Steffek 将这两种模式按照政策循环理论分为六个阶段：议程制定（agenda setting）、研究和分析（research and analysis）、政策制定（policy formulation）、政策决定（policy decision）、政策执行（implementation）、政策评估（evaluation）。政府间组织—社会组织合作的激励会随着不同阶段的发展发生变化。政策循环可以帮助我们确定国际政策内部和整体之间的合作动态。这种阶段的区别可以解释政府间组织与社会组织合作的模式如何随着时间的推移而改变，这取决于行动者正在执行的任务和他们试图解决的问题。

表 1-1　　　　　　　　　　政府间组织—社会组织合作模型

政策阶段	拉动因素 （政府间组织拉动社会组织）	推动因素 （社会组织推动政府间组织）
议程制定	政府间组织在确定新问题方面寻求社会组织的援助	社会组织试图影响政府间组织议程
研究和分析	政府间组织寻求社会组织合作，以获得更多的专业知识	社会组织为研究过程提供信息和/或寻求资金以提供专门知识
政策制定	（非正式合作）	社会组织试图影响政府间组织的政策制定

---

① 作者认为政府间组织的拉动因素大于社会组织的推动因素，但因为希望拥有一个全面的分析视角，所以将这两个因素并列列举。

续表

政策阶段	拉动因素 （政府间组织拉动社会组织）	推动因素 （社会组织推动政府间组织）
政策决定	（非正式合作）	社会组织试图影响政府间组织的政策选择
政策执行	政府间组织寻求社会组织合作，以实施其合作项目	社会组织为执行项目寻求资金
政策评估	政府间组织寻求社会组织的数据，监督各方的遵守情况	社会组织希望向各方保证合规

具体而言，如表1-1可以看到，模型的构成有两个要素。

首先是拉动因素，拉动因素被作者定义为政府间组织与社会组织合作的动机。根据实证分析的结果，Steffek认为政策阶段中有四个阶段政府间组织会寻求与社会组织合作。

议程制定阶段：政府间组织可寻求社会组织的帮助以明确阐释应予处理的新问题。这在论坛类组织中尤为常见，因为论坛类组织的任务就是发现和讨论国际社会的最新问题。一个显著的例子是联合国经济及社会理事会（ECOSOC）与社会组织的关系。在ECOSOC中具有全面咨商地位的社会组织有权为议程提出建议。

研究和分析：政府间组织在制定政策时需要从社会组织处获得额外的专门知识，尤其在全球环境治理中，非常需要社会组织的专家建议，以便了解利害攸关的问题，并制定政治对策。在1992年的联合国环境与发展会议中，有5个社会组织参与了筹备委员会的工作。此外，IMF也会借助非政府研究机构以及智库的宏观经济专业知识。

政策执行阶段：政府间组织会寻求社会组织的合作。许多政府间组织没有足够的工作人员来直接实施它们资助的所有项目，尤其是发展领域，世界银行的70%发展项目是与社会组织合作执行。20世纪90年代以来，联合国加强了向社会组织的资金和服务的转移。

政策评估阶段：政府间组织可寻求社会组织合作，以监测项目的国际规范或协定的遵守情况。一些政府间组织没有足够的人员和资源来有效监测每个项目对规定的遵守情况。因此，它们会利用社会组织提供的有关"实地"的信息。

其次是推动因素。推动因素是从社会组织的视角出发，探索社会组织可能有什么理由寻求与政府间组织合作。这一问题的答案在很大程度上取决于社会组织的类型，主要有两类，服务提供者和理念拥护者。

服务提供类社会组织：这类组织通常会面临资金不够的问题，因而在上述表格的第二步研究和分析以及第五步政策执行阶段，通过提供专业服务展开与政府间组织的合作。

理念推广类社会组织：首先会想要提出国际社会的新议题来提升知名度而与政府间组织合作，这是政策循环的第一阶段，即议程制定阶段。比如，一个社会组织为了避免地雷成为一种武器，成功引起了国际社会的注意，促成了多方监管。其次，在第二阶段，即研究和分析阶段，社会组织也可能设法影响政策循环的第二步研究进程，为新问题的定义提供信息，例如环境领域。再次，在政策执行和政策决定两个阶段，社会组织试图通过在政府间施加政治影响来实现其目标并推销其价值观。最后，在评估阶段社会组织还可监测项目执行者遵守政府间组织制定规则的情况。

从这个框架可以看出，在拉动因素中，政府间组织不欢迎社会组织参与到政策制定过程的中间阶段，特别在全球经济治理领域。这证明对于社会组织的影响力，政府间组织想保持其在跨政府领域的核心决策地位，即使政府间组织与社会组织有长时间的合作关系。

Steffek 在最后总结并提出疑问，并概括得出结论：一个问题在成员国议程上所占位置越高，是否与社会组织接触的机会就越少？社会组织在安全、金融和贸易方面几乎很少有参与政策制定的机会，但在发展、环境和人权等领域的合作机会却高得多。类似地，从拉动因素和推动因素角度来看，在环境保护等政策领域，拉动因素是否对解释合作模式具有决定性作用？在其他领域，如贸易和金融，社会组织的准入通常很少，是否因为拉动因素很小？这些问题需要进一步的验证。Steffek 还指出，组织文化或许能够解释那些基于推拉因素而难以解释的失败的合作案例。

将该模型与已有的一些实证研究结合，可以对国际发展中政府与社会组织的互动关系有更深刻的理解。比如，Kelly（2011）研究了社会组织对世界银行和IMF的影响。作者进行了一种实证分析，认为在世界银行体系下，如果社会组织的参与会提高世界银行运作的有效性，那么世界银行将主动运用社会组织的专业知识，这符合拉动因素的第二个研究和分析阶段。世界银行曾对社会组织合作做过翔实的统计，并公布了相关报告。[①] 数据显示，在1988年至2004年间，世界银行与社会组织的合作件数从10件上升到70件。根据作者的采访，世界银行的成员都认为与社会组织的合作是必要的，但是正式的合作机制仍比较少，尤其是在一些比较敏感的领域如环境、非自愿定居、原住民等。大多数与世界银行合作的社会组织是承包商或运营类社会组织，世界银行也列举了与社会组织合作的主要政策话题：贫困、环境、参与式发展、治理与管理以及增强的开放性。根据世界银行员工的受访，在20世纪90年代，世界银行将政策的侧重点转向四个方面：森林可持续经营、更显著的透明度、充满活力的社会及环境保障体系、更有包容性的债务救济，这个转变在很大程度上是社会组织的功劳。而IMF对社会组织更持保留态度。IMF内部没有独立的为社会组织事务工作的单元。在IMF的正式文件中，很少明确提到社会组织及其相关活动。笔者在研究中没有发现IMF中有任何项目支出是由社会组织主导改变的，IMF不会寻求社会组织的帮助，这展现了该国际组织比较强的独立性。事实上，IMF不是非常欢迎社会组织，IMF的员工甚至称呼它们为"利益集团"，足以显示IMF和社会组织相对立的关系，这也是Steffek（2013）在文中提到的。

Johnson（2016）讨论了联合国粮食及农业组织与社会组织的关系。她认为，联合国粮食及农业组织与社会组织间的关系已有70年的历史。相同的/不同的价值观，以及相同的/不同的资源之间的各种组合是决定合作关系的重要因素。具体而言，在20世纪60年代联合国粮食及农业组织与精选后的发展组织合作，在20世纪70年代因为农业生意的兴趣上升所产生的拉拢关系（co-optation），在20世纪80年代和20世纪90年代早期和环境保护主义者之间的冲突。Johnson对联合国粮食及农业组

---

① World Bank, *Annual Progress Report on World Bank-NGO Cooperation* (1988-2004).

织和社会组织的各种合作或冲突关系进行综合分析，发现当联合国粮食及农业组织和社会组织拥有相同的价值观和不同的资源时，会促进合作。此外，Johnson还提到与社会组织的合作帮助政府间组织拓宽了它们作为一个国际组织的边界。Johnson指出，未来的研究有必要指出，什么样的内部和外部要素能够决定一个社会组织是否会支持政府间组织，更重要的是，政府间组织是否能对这些决定性要素产生影响。而Steffek的模型，确实证明了对服务类社会组织而言，在研究和分析以及政策执行阶段，社会组织有资金上的需求，而政府间组织也恰恰能满足这份需求。该分析也通过区分政策循环的阶段为Johnson（2016）有力地做出了补充性的解释。

Atouba、Shumate（2010）探讨了国际发展领域政府间组织与社会组织的合作关系。他们认为在这一领域，这种合作关系同样由外部和内部因素构成，而最突出的因素是同质性、共同性、传递性和集中性。在国际发展领域，政府间组织更易与政府间组织合作，而社会组织更易与社会组织合作，更有甚者，每一个政府间组织或者是社会组织倾向于与它们合作伙伴的合作伙伴合作，以降低合作的风险。但Atouba、Shumate（2010）同时也提出了一些可行的方式来增加社会组织与政府间组织的合作：比如召开工作坊、研讨会和/或培训计划，旨在普及教育组织合作的好处和必要性，以及如何克服其挑战。为了促进和加强政府间组织—社会组织的合作，决策者应努力帮助各组织克服具有不同组成部分、挑战和业务结构的组织之间协作的挑战。他们特别提出，社会组织必须在发展网络中发挥更中心的作用。这是一个非常重要的方面，在Steffek（2013）的研究中，他仅提及了服务类社会组织和理念推广类社会组织，但还有一种社会组织的类型，便是这里提到的扩展网络型，其作用是创造社会资本，构建联系网络，比如美国的NET IMPACT。Atouba、Shumate（2010）的研究非常注重合作网络的形成，不仅是上述强调扩展网络型社会组织的作用，他们在既有的组织网络中发现，一些组织起到了中心的作用，这些组织负责协调其他组织相互间的联系，为该领域政府间组织—社会组织的合作带去许多机会。如国际明爱（Caritas Internationalis），它们与几个社会组织和几个较为核心的政府间组织有关系。因此，它们有能力将发展网络中的不同参与者聚集在一起。

运用政策循环理论，对该模型涉及的政府与社会组织的合作的每个政策阶段再加以分析，可以进一步理解国际发展中政府与社会组织合作的议题重要性。

1. 议程制定

豪利特、拉米什（2006）认为议程设定根据政策体制形态的不同，有三种模式：外部推动模式（问题由社会团体提出，是自由主义的多元化社会的模式）、动员模式（政府直接将议案置于正式议程之中）以及内部推动模式（问题由在政府内部或与政府关系密切的团体提出）。而在该模型中，无论是拉动因素还是推动因素，均是社会组织这个政策子系统加入议程制定。由此可见，内部推动模式不足以解释所有国际领域的问题的提出，还需要结合社会组织的外部推动模式，所以社会组织的参与是必不可少的。因为政府间组织往往辐射范围有限，社会组织更加多元化，对当地的情况更为了解，所以社会组织对于新问题的提出起到了重要的作用。这是通过政策循环模型所得出的一个非常重要的结论。

2. 研究和分析

这一阶段对应于豪利特、拉米什书中的政策规划阶段。他们认为，定义、考察、接受或拒绝可选方案的过程是政策循环的第二个阶段。但是，对这一问题的分析，他们并没有从政策内容入手，而是着重于政策社群、政策网络的分类上。比如，书中提到政策网络是把政府和社会主体连接在一起共同参与政策程序的网络。其不同表现在：网络成员的兴趣、成员资格、成员的独立程度、网络与其他网络的分离程度、成员之间资源分配的多样化。政策社群是指政策领域中共同关注某些政策问题的主体或潜在主体。

Steffek（2013）提到，环境类或经济类的政府间组织经常会寻求社会组织提供专业的研究分析。

3. 政策制定和政策决定

这两个阶段是 Steffek（2013）指出政府间组织有意回避社会组织参与的阶段，对应豪利特、拉米什书中的政策决策阶段。豪利特、拉米什在书中提出三个模型和多元型决策观点，对这些内容的理解有助于我们分析为什么在这一阶段政府间组织—社会组织合作较少。或者说，我们可以指出，在现实世界中政府间组织—社会组织的互动展现了以下的哪种决策模型，这是政策循环理论带给我们的重要启示。

可以看出，现实世界中政府间组织—社会组织的互动具有渐进模型①的特点。除了政府没有时间、在一个政策上已经投入了巨大成本等原因之外，决策者自身的特点也对渐进主义模型有影响。此外，托马斯·戴伊（2011）指出，在政策制定的过程中，当分歧与争论紧紧围绕着预算的增加或减少，以及对现行政策是否进行微调时，才更容易达成一致。一旦决策涉及重大的政策转变、牵涉巨大的收益或损失时，冲突就会加剧。渐进主义对于减少冲突、维护稳定、保持政治体系自身秩序是特别重要的。笔者认为，这就是政府间组织不主动让社会组织参与决策制定的主要原因。在政策制定阶段，若政府间组织允许社会组织的参与而无法达成意见上的一致，会导致整个政策制定陷入僵局，甚至政府间组织会被质疑其组织的有效性和合法性。我们需要意识到，政府间组织和社会组织是由两组截然不同的行为体组成的，政府间组织是一个由多个国家治理的跨政府行为体，社会组织则是由公民社会自发组成的行为体。Biermann 和 Bauer（2004）认为，一个政府间组织可从三方面体现有效性：输出（一个组织的实际活动）、成果（政府、社会组织、媒体等社会行为体的行为改变）、影响（政策目标的改变）。其中，政府间组织的有效性体现之一是政府的行为改变，这在现实世界中很难体现，因为往往是各国政府在塑造政府间组织的行为。在这种情况下，政府间组织作为一个组织本身，为了突出其有效性，选择避免冲突而不让社会组织参与核心的政策决定是非常合理的。

4. 政策执行

政策执行是社会组织深度参与政府间组织项目的另一个阶段，尤其是服务类社会组织。豪利特、拉米什认为这一阶段面临的难点包括问题的技术性困难、多样性、目标群体的规模、要求目标群体的行为改变的

---

① 渐进模型：是公共政策分析中使用的一种模型，描绘了以自我利益为主的决策者之间谈判与妥协的政治过程，这一模型遭到的批判是缺乏目标倾向、具有内在保守性、不民主。

程度。此外，社会条件、经济条件的改变、技术以及政治环境也影响着政策的执行。

豪利特、拉米什（2006）还认为政策执行存在自上而下和自下而上两个不同视角：前者主要关注对提出的目标的实现程度以及经合法授权的执行机构的行为，而后者主要关注在政策的制定和执行中，构成政策网络的正式和非正式的关系。这两种方法应该结合起来，作为政策执行的工具。毫无疑问，政府间组织提供了自上而下的视角，社会组织提供了自下而上的视角。但政府间组织—社会组织是否能在这一阶段顺利合作，还未得到广泛的关注，比如社会组织作为实际的政策执行方，能有多大的自主权？政府间组织是否会及时接受社会组织的反馈并根据情况调整政策？要是发生冲突时，有什么解决的机制？这些都需要进一步的研究来回答。

5. 政策评估

豪利特、拉米什将政策评估分为三个大类——行政评估、司法评估以及政治评估。而对于社会组织而言，主要是进行行政评估。根据豪利特、拉米什的模型，行政评估包括投入努力度评估、绩效评估、绩效充分性评估、效率评估、过程评估。这是除了政府间组织提出的要求之外，社会组织在做实际评估时可以参考的内容。

Steffek（2013）的模型可以让我们对文献得出的结论有更深刻的认识。首先，社会组织在议程制定（即问题提出）和政策执行两个阶段有不可替代的作用。而在政策制定和政策决定阶段，社会组织被政府间组织有意地排除在外，这是因为政府间组织的政策决定具有渐进主义的特点，为避免与社会组织发生冲突从而影响有效性，政府间组织选择将社会组织排除在政策决定之外，而仅与其在其他领域进行合作。

从以上的简要梳理，我们可以看到在对外援助中，政府与社会组织的合作方式是什么、怎样提升合作效果、扬长避短，目前在学界还缺乏清晰、系统的认识。深入研究对外援助中政府与社会组织的合作机制，不仅有助于我国更全面了解国际对外援助实践，也为我国多元化对外援助参与主体和方式提供经验，尤其是改善我国在对外援助中过于依赖各类政府主体而容易被有偏见的受援国所质疑的问题。

第二章　国际发展中的政府与社会组织合作：比较视角下的现状分析*

由于对外援助事务的复杂性、环境的多样性和对象的多重性，发达国家对外援助中涉及的很多工作都是通过与社会组织合作进行的。通过为社会组织参与对外援助提供全方位的政策和资金支持，能够实现两方面的政策目标：一方面是提升国家对外援助的有效性，社会组织参与对外援助可以发挥专业性、在地性和灵活性等方面的优势；另一方面是让社会组织成为国家对外援助的助手，促进对外援助工作的有机开展和落实。一般情况下，政府可以通过直接给予社会组织赠款来开展对外援助工作，或者通过对社会组织进行项目资助。从图2-1中可以看出政府每年对社会组织进行项目资助的金额是相对稳定的，而直接资助的赠款每年起伏较大，而且在图2-2中可以看出各个国家之间对社会组织的资助差异也较大。

对于社会组织自身来说，政府资助是一个很重要的收入来源，但是具体的资助机构和程序在各个国家之间各有差异。在对外援助领域，各国家政府对社会组织的参与定位也有所差异。因此本章将关注美、英、法、德、日五个发达国家在对外援助与发展领域，政府与社会组织合作的机构以及具体的资助机制。

第一节　美国政府与社会组织合作的现状

美国国际开发署（United States Agency for International Development,

---

* 关于本章，古力加依娜·乌苏甫坎也参与了撰写。

第二章　国际发展中的政府与社会组织合作：比较视角下的现状分析

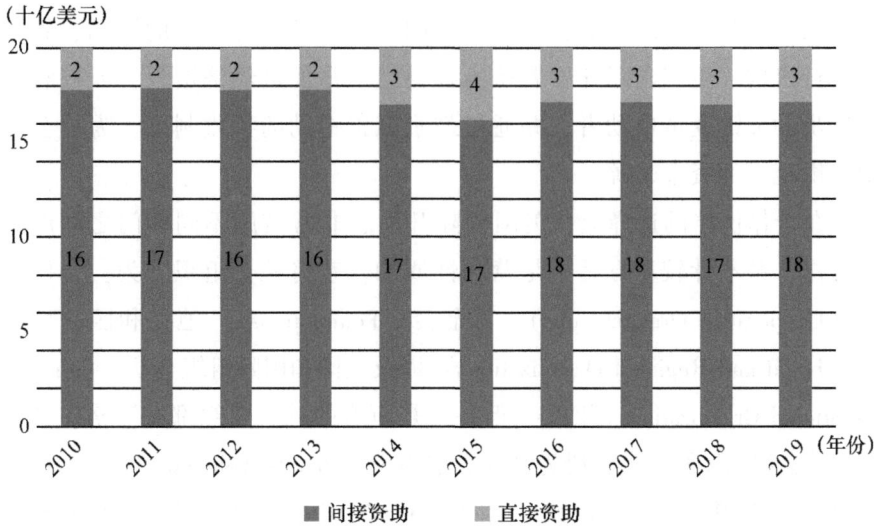

图 2-1　2010—2019 年官方发展援助资助民间社会组织统计

说明：图中数据为 2018 年不变价格。

资料来源：OECD。

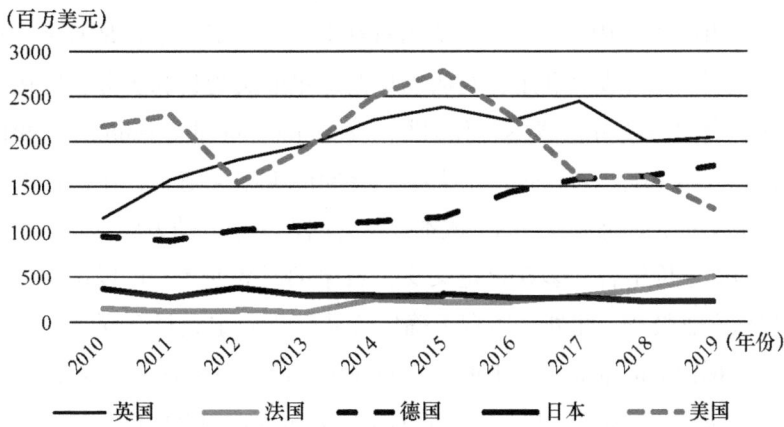

图 2-2　2010—2019 年 OECD 五国官方发展援助资助社会组织统计

说明：图中数据为 2018 年不变价格。

资料来源：OECD。

USAID)① 是承担美国大部分对外非军事援助的联邦政府机构的一个组织。在美国与社会组织的合作中，美国国际开发署为主要的资助、管理和执行机构。美国国际开发署认为社会组织是促进经济增长、人权和社会进步的关键变革推动者，并通过鼓励慈善捐助的税收制度，为社会组织提供庞大的资金来源。

在合作伙伴的选择上，美国国际开发署非常鼓励不同部门之间的跨界合作，并不计较对方是不是营利性质的。它将社会组织分为：合作组织（Cooperative Organizations）、基金会（Foundations）、地方和区域性组织（Local and Regional Organizations）以及美国和国际组织（U.S. and International Organizations）四类。但并不是所有的社会组织都有资格申请资助，社会组织按照要求注册为私人志愿组织（Private Voluntary Organization，PVOs）并获得唯一的9位数组成的"D-U-N-S"码，进而才有资格获得资助，注册过程需要4—6周的时间。从2022年4月4日起，唯一实体ID（the Unique Entity ID）已取代DUNS码，成为用于联邦裁决的官方政府范围标识符。

在合作方式上，美国与社会组织之间的合作主要采取合同（contract）的方式。由图2-3中也可以看出美国对社会组织的资助主要是通过间接的方式。美国国际开发署利用合同从承包商那里购买货物和服务，以执行指定活动。合同主要分为成本补偿合同（cost reimbursable contract）和固定价格合同（fix price contract）两大类。合同的类型会随着合作伙伴的责任和利润激励的不同而有所不同。成本补偿合同多用于劳动力成本难以估计的情境，而固定价格合同多在可定义交付成果的时候使用，可以用于各类服务，包括商业服务。此外，还有不确定交货、不确定数量合同［Indefinite-delivery, Indefinite-quantity（IDIQ）contracts］以及具有法律合同义务的协定，例如综合采购协议（Blanket purchase agreements，BPAs）。②

---

① USAID, https：//www.usaid.gov.
② USAID, "How to Work with USAID" Training Series, https：//www.usaid.gov/sites/default/files/documents/Module6_ UnderstandingUSAIDAwards_ final.pdf#：~：text=Leader-with-associate%20awards%20cover%20specified%20worldwide%20activities.%20They%20allow，called%20Associate%20Awards%20to%20the%20Leader%20Award%20recipient.

第二章 国际发展中的政府与社会组织合作：比较视角下的现状分析 23

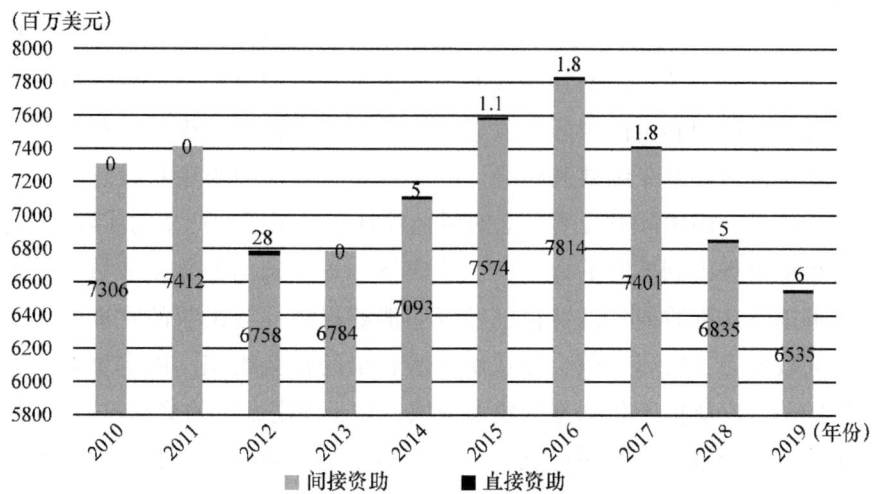

图 2-3 2010—2019 年美国官方发展援助资助社会组织统计
说明：图中数据为 2018 年不变价格。
资料来源：OECD。

除此之外，美国 1977 年的《联邦赠款与合作协定法》规定了两大类援助：赠款（grants）和合作协议（cooperative agreement）。赠款的方式是美国国际开发署为社会组织提供资金支持，美国国际开发署较少直接介入，社会组织自主使用的空间和自由度比较大。赠款包括固定金额赠款（Fixed amount grants，FAAs），之前叫固定义务赠款（fixed obligation grants），简单赠款（simplified grants）、标准赠款（standard grants）、领导者联合奖金（Leader with Associate Award，LWA）。合作协议是美国国际开发署不仅为社会组织提供资金，还会有实际的介入并在项目期间与社会组织保持联系的方式。

固定金额赠款（FAAs）是一种赠款协议。在该协议中，美国国际开发署会根据里程碑的成就而不是受援方的实际成本来提供特定水平的支持。里程碑是针对可验证的产品、任务、交付物或接受者的目标而设置的。里程碑必须是可完成且可量化的，并且在接受者的管理控制范围。里程碑一般有三个部分：（1）对产品、任务、交付物或要完成的目标的描述；（2）接受者将如何记录产品、任务、交付物或目标的完成情况的描述；（3）美国国际开发署将为交付物支付给受援方的金额。一些里程碑可能还具有日期，标明预期或要求完成里程碑的时间。这种类型的奖励减轻了受援国和美国国际开发署的一些行政负担并减少了一些记录要求。问责制主要基于绩效和结果。固定金额赠款这种为项目设置里程碑的方式使得美国国际开发署不必时时监控社会组织活动产生的实际成本，只需根据里程碑到期时的完成情况决定下一里程碑的赠款发放数量。固定金额赠款这种阶段性的特征已被证明能够提高社会组织的管理能力和项目完成能力，所以一般会发放给经验较少的社会组织。固定金额赠款的资助范围广泛但不包括基础建设领域，对于固定金额的奖励没有上限。简单赠款是通过成本偿还的支付方式来给予小额资助，一般适用于活动持续时间短且没有足够的成本数据来确定赠款的价格的情况。一般要求资助时间不超过 3 年且每年不超过 15 万美元，但对报销的物品有一定的金额限制要求。领导者联合奖金涵盖指定的全球活动，包含领袖奖（Leader Award）即对作为领袖或起带头作用的社会组织的奖励，以及对其联合团队的协办奖（Sub-Award）。但美国国际开发署不会与次级受奖者产生直接联系，而是由主要受奖者负责。[①] 在项目实际实施过程中，美国国际开发署各局或在各国的常驻代表团可以通过这一项目，资助受援国中与这一项目相关的分项目，并根据开发署代表团和各局的需求予以具体调整。项目实施时长最多不超过 5 年（刘力达和蔡礼强，2021）。

  合作协议（cooperative agreement）是一种由美国国际开发署实质性参与的赠予。机构政策将实质性参与定义为美国国际开发署大量参与一项合作协定的管理工作，以帮助受援国实现协定的目标。美国国际开发署的政策规定了四个允许大量参与的一般领域：受援方实施计划（工作计划）的批准、项目关键人事的批准、在特定项目领域进行合作或联合参与以及施工活动停止。领导者联合奖金在一些情况下可以是合作协议。根据美国国际开发署业务预告数据库，合作协议的资金规模跨度大，从

[①] USAID, Understanding USAID Awards "How to Work with USAID" Training series, https://www.usaid.gov/sites/default/files/documents/1861/India_RFIP_IPGuideTypesAssistanceInstruments.pdf.

50万美元到3亿美元不等。

美国国际开发署将社会组织视为其发展和对外援助的合作伙伴，为避免社会组织在合作过程中其自身的私密性和独立性丧失，国会立法规定美国私人志愿组织在海外开展活动必须从非美国机构中获得至少20%的财政支持。

根据关于"设定和监测项目战略"的机构战略指令，美国国际开发署的业务单位必须与私人志愿组织在该国家或地区的合作伙伴协商，制订、更新和监测其战略计划。美国国际开发署业务单位在制定行动计划时必须考虑私人志愿组织的观点、评论和建议。美国国际开发署将酌情与美国私人志愿组织就广泛而普遍关注的其他议题进行磋商，包括机构的总体政策和战略，这将通过自愿对外援助咨询委员会（ACVFA）定期举行会议。为了制定更好的政策和战略，美国国际开发署会结合私人志愿组织在活动设计、实施方面的实际经验和知识的基础上，在双方利益一致的情况下，在提供发展和人道主义援助方面进行建设性合作，提高美国国际开发署在制定与私人志愿组织相关的政策过程中的透明度。美国国际开发署会为美国社会组织提供较为清晰、透明的项目资助信息与相关培训来促进协作，包括为社会组织如何与国际开发署合作提供非常详尽的在线培训模块、资助的项目查询等（刘力达和蔡礼强，2021）。此外，InterAction成立于1984年，是目前美国最大的社会组织合作伙伴联盟，力求制定有关救济和长期发展问题的重要政策，包括对外援助、环境、妇女、健康、教育和农业，也是政府与社会组织沟通、联系和协作的重要渠道。

第二节 英国政府与社会组织合作的现状

英国国际发展部（Department for International Development，DFID）是英国政府负责管理对外援助的独立机构，成立于1997年，设有两个总部，分别在英国伦敦和苏格兰的东凯布里兹。英国国际发展部受国际发展事务大臣的直接管理，同时受下议院国务部长和政务次官的管理，英国国际发展部的最高职务是政务次官。但从 2020 年 6 月 16 日开始，DFID 和英国外交部合并成为外交、联邦和发展办公室（Foreign，Commonwealth and Development Office，FCDO）。[①]

在与社会组织的合作上，英国主要采取项目资助的方式，其对外援助项目可以分为一般性资助（发展援助领域和人道主义救援领域）和专题性资助。在 2016 年之前，英国主要采取项目合作协议（The Programme Partnership Arrangements，PPA），即间接资助，为大型的社会组织提供非限定性的资金支持，资助金额大、灵活性高。但随后这种资助方式因为缺乏竞争以及中小型社会组织具有更细分的专业技术、更低的成本的而被取消了。如今英国项目资助的具体类别有直接援助计划（UK Aid Direct）、政府与社会组织资金配套的援助计划（UK Aid Match）、以公私伙伴关系构建团队的联合援助计划（UK Aid Connect）、英国援助志愿者计划（UK Aid Volunteers）和全球创新基金（Global Innovation Fund）等（刘力达、蔡礼强，2021）。具体的资助金额可见图 2-4。

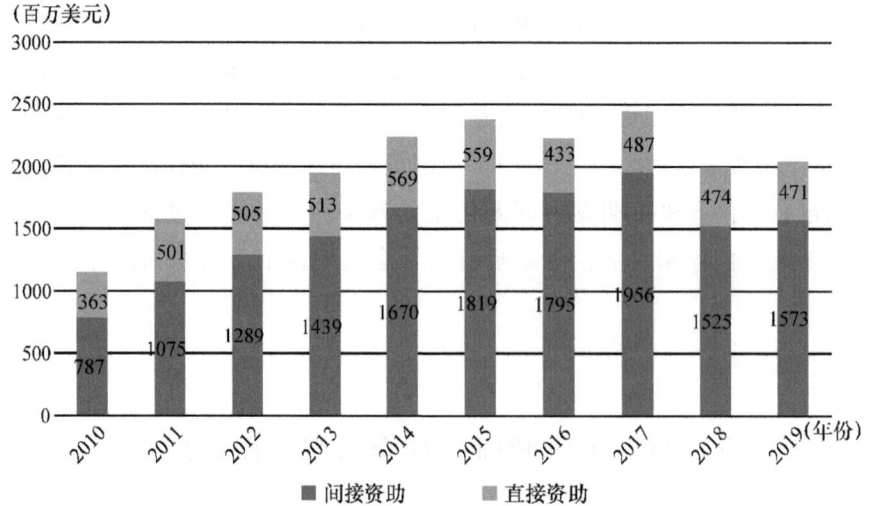

图 2-4 2010—2019 年英国官方发展援助资助社会组织统计

资料来源：OECD。

---

① Foreign, Commonwealth and Development Office, https://www.gov.uk/government/organisations/foreign-commonwealth-development-office.

直接援助计划是一项 1.5 亿英镑的计划，在英国政府的援助下，它改变了超过 950 万世界上最贫穷的人的生活。英国直接援助由前国际发展部（DFID）现为外交、联邦和发展办公室（FCDO）提供资金，支持总部位于英国和海外的中小型民间社会组织（CSO），以实现持续减贫和联合国的全球目标。该基金以前称为全球贫困行动基金（GPAF），于 2014 年以英国直接援助名称重新启动，支持在联合国人类发展指数（HDI）中排名最低的 50 个国家以及英国政府认为高度或中度脆弱的国家。公开招标且不仅限于英国本土的社会组织，属于竞争性的基金项目。英国直接援助计划以赠款形式实施，具体类型如下。一是小慈善机构挑战基金（Small Charity Challenge Fund，SCCF）项目赠款。该基金专门资助英国注册的小型慈善机构和社会组织，最高可向 5 万英镑的项目提供 SCCF 项目赠款，项目期限最长达两年，且必须用于在英国注册且致力于实现联合国全球目标、改善最弱势和边缘化群体生活的组织。① 二是乔·考克斯纪念基金（Jo Cox Memorial Fund），是 2018 年 3 月 6 日英国外交、联邦和发展办公室为致敬议员乔·考克斯而宣布的一个新的 1000 万英镑的资助机会，即乔·考克斯纪念赠款。这项赠款将支持 Jo Cox 之前热衷并致力于的两个主题——侧重于支持和改善妇女的社会、经济和政治赋权以及加强民间社会早期预测基于身份的暴力和预防冲突的能力——的项目。该赠款有为平均年收入高达 1000 万英镑的中型组织提供的高达 100 万英镑的网络赠款以及为平均年收入高达 50 万英镑小型组织提供高达 10 万英镑的加强赠款两类。② 三是社群伙伴关系赠款（Community Partnership Grants），主要是针对在英国注册或在联合国人类发展指数（HDI）中最低的 50 个国家之一注册，抑或是在英国政府认为高度或中度脆弱的国际注册的、平均年收入不到 100 万英镑的小型社会组织，资助金额最高可达 25 万英镑。③ 四是影响力赠款（Impact Grants），适用于中型的社会组织，赠款金额总数在 250001 英镑至 400 万英镑之间，可以在一个或多个联合国人类发展指数（HDI）中最低的 50 个国家或英国

---

① Small Charities Challenge Fund，https：//www.ukaiddirect.org/apply/sccf/.
② Jo Cox Memorial Fund，https：//www.ukaiddirect.org/apply/jo-cox-memorial-fund/.
③ Community Partnership Grants，https：//www.ukaiddirect.org/apply/community-partnership/.

政府认为高度或中度脆弱的国家创立项目，项目期限在3—5年之间。①

配套援助计划将慈善机构、英国公众和英国政府聚集在一起，共同改变世界上一些最贫穷和最脆弱人群的生活。配套指的是慈善机构公募资金与英国政府资助的金额比例为1∶1，每个项目资金总数200万英镑封顶，由慈善机构、社会组织自身确定其项目计划及筹款目标，自主性强。配套援助计划让英国公众对如何使用英国的援助有发言权，并提供参与国际发展问题的机会，同时提高最好的民间社会项目的影响力，以惠及发展中国家最贫困的人民。②

英国联合援助计划是英国政府针对一些复杂的社会问题与政策实践，将与问题匹配的组织（如智库、研究机构、基金会、慈善组织、私营部门、社会组织）都联合起来，寻求对复杂问题的回应与创新性的解决方案。③

英国援助志愿者计划则联合了英国现有的国际公民服务项目（International Citizen Service）和FCDO与其他志愿机构，通过这一计划将更多年轻力量吸纳进援助工作之中。

全球创新基金为从事减贫与社会创新事业的社会组织、社会企业、研究机构等提供3万英镑到1000万英镑的赠款和贷款（刘力达和蔡礼强，2021）。

除此之外，英国还设有快速响应基金（Rapid Response Facility，RRF）。快速响应作为该基金最显著的特征，其申请过程不涉及传统资金流所需的冗长过程，且允许在当地迅速调动资源，一般会在申请后8个工作日内收到回应。快速响应基金可以迅速将资金用于解决突发的保护灾难，尤其是在低收入国家。目前该基金的工作重点是危机时期为世界自然遗产地提供紧急支持，保护世界自然遗产在受到不可预测的自然或人为灾难的袭击时，例如地震、石油泄漏或内乱等，能迅速做出反应，

---

① Impact Grants, https://www.ukaiddirect.org/apply/impact/.
② UK Aid Match, https://www.ukaidmatch.org/about/#:~:text=UK%20Aid%20Match%20aims%20to, projects%20to%20the%20UK%20public.
③ UK Aid Connect, https://assets.publishing.service.gov.uk/media/5968a1c7ed915d0baf0001a0/Terms-of-Reference-Building-Open-Societies.pdf.

进而在不可挽回的破坏和较小的、可逆转的损害之间产生差异。① 英国国际发展部在各国的办公室也有相应的一些针对所在国的资助。除了常规的项目，还有一些关注女性、气候、和平等主题的专题类项目以及关注特定国家特定问题的专门类项目。

此外，英国从事国际发展工作的组织网络 BOND（British Overseas NGOs for Development）也在政府与社会组织的合作中发挥着重要作用。BOND 成立于 1993 年，有 61 个成员，目前已经团结了从小型专业慈善机构到拥有全球影响力的大型社会组织的 400 多个社会组织。BOND 致力于促进其成员之间、其他社会组织之间甚至国际上与政府之间在国际发展领域中的经验、想法和信息交流。BOND 的宣传工作重点是政府与民间社会的关系，它旨在确保政府政策促进民间社会组织的自主权和多样性，允许广泛的利益相关者参与发展方案的决策和实施。

第三节 法国政府与社会组织合作的现状

法国主管国际性社会组织支持政策和事务的部门主要是外交部和法国开发署（Agence Francaise de développement，AFD）。② 从 2009 年开始，大部分的项目资助以及相关业务由外交部转移至开发署，开发署集中负责具体的资助工作，而外交部则保留小部分人道主义救援方面的业务。

法国与社会组织的合作有三种类型。一是若社会组织为自身的项目寻求融资，法国开发署提供了多种融资机制。公民社会组织倡导机制要求社会组织的项目总金额必须高于或等于 300000 欧元或在特定的援助区域和/或部门背景下总金额在 200000 欧元至 300000 欧元之间，AFD、法国全球环境基金（French Faciliby for Global Environment，FFEM）和法国部委会联合融资构成公共基金支持社会组织的项目，但融资有一定的限额。对于小型的项目（金额低于 300000 欧元）则由移民国际团结组织

---

① Rapid Response Facility, https://www.rapid-response.org/about/.
② AFD, https://www.afd.fr/fr.

论坛（Forum of International Solidarity Organizations for Migration，FORIM）领导的移民国际团结组织支持计划（Support Programme for Migration-Related Projects by International Solidarity Organizations，PRAIOSIM）负责。FORIM 联合资助和支持金额低于 120000 欧元的当地发展微型项目。致力于保护生物多样性和应对气候变化的非洲公民社会组织还可以申请法国全球环境基金（FFEM）提供的小规模倡议计划（Swall-Scale Initiatives Program，PPI）。二是若社会组织想要参与法国开发署的项目，AFD 提供了两种项目。为了更有效地应对脆弱环境，2013 年以来，AFD 一直在开发专门的工具，包括呼吁危机和危机后项目（Calls for Crisis/Crisis Recovery Projets，APCC）。APCC 的开发是为了补充欧洲和外交部（危机和支持中心紧急人道主义基金）和 AFD 的其他 CSO 融资工具。根据 AFD 定义的规范，APCC 允许与 CSO 或其他法国和国际社会组织共同建设项目。AFD 还促进国际公民社会组织、当地公民社会组织和伙伴国家公共当局之间伙伴关系框架的多样化。这允许机制以动态方式随着时间的推移适应每种情况的需要。2013 年以来，已通过 APCC 向国际 CSO（通常以财团形式）和当地 CSO 分配 8350 万欧元。虽然这些项目征集对国际公民社会组织开放，但它们主要使法国公民社会组织受益，这反映了它们的专业知识、对相关领域的了解以及已发展的当地伙伴关系的实力。APCC 通常由欧盟基金代表团资助，特别是紧急信托基金（Emergency Trust Fund，ETF）和欧盟应对叙利亚危机的地区信托基金。除此之外，还有社会组织部门创新设施（FISONG）。FISONG 是一个"主题项目征集"计划，旨在促进由法国和非法国民间社会组织领导的创新实践的出现，主题是与它们协商确定的。FISONG 成立于 2007 年，通过共同资助与发展相关的各个领域的创新项目，在法国或国际社会组织与 AFD 之间建立伙伴关系。通过创新，AFD 可以寻求新的运营方法，在技术、方法和组织流程和/或开发的合作伙伴关系中提供真正的附加值，这可能会创造新的动力并成为行业的驱动力。FISONG 旨在发展和促进社会组织的创新和资本化能力，并在 AFD 和社会组织之间创造协同效应，目标是改善公共政策与非政府合作倡议的协调关系。它还寻求加强与民间社会组织的伙伴关系，作为适应公共订约当局缺席或薄弱情况的援助渠道。该融资工具是通过每年两次对国际公民社会组织开放的项目的竞争性征集启动的。它最多承担项目金额的90%。此外，2016年以来，受益于FISONG的社会组织可以免费获得帮助（提高认识、个性化跟进、资本化等），以确保在其项目中更好地考虑性别平等。三是社会组织可以担任法国开发署的执行机构。由于社会组织的技术专长、操作方法以及对当地情况和利益相关者的了解，社会组织经常参与AFD项目。因此，在项目的评估阶段，社会组织定期与AFD团队一起参与设计可行性研究和寻找创新方法。国家、公共或准公共机构可以通过招标邀请选择社会组织来实施AFD资助的项目。然后，它们可以在职业培训、农业部门的利益相关者结构、预防保健、获得水和卫生设施等领域充当执行机构或支持执行机构。① 法国总体而言，对社会组织的资助金额相较于其他OECD国家总体偏低，具体情况见图2-5。

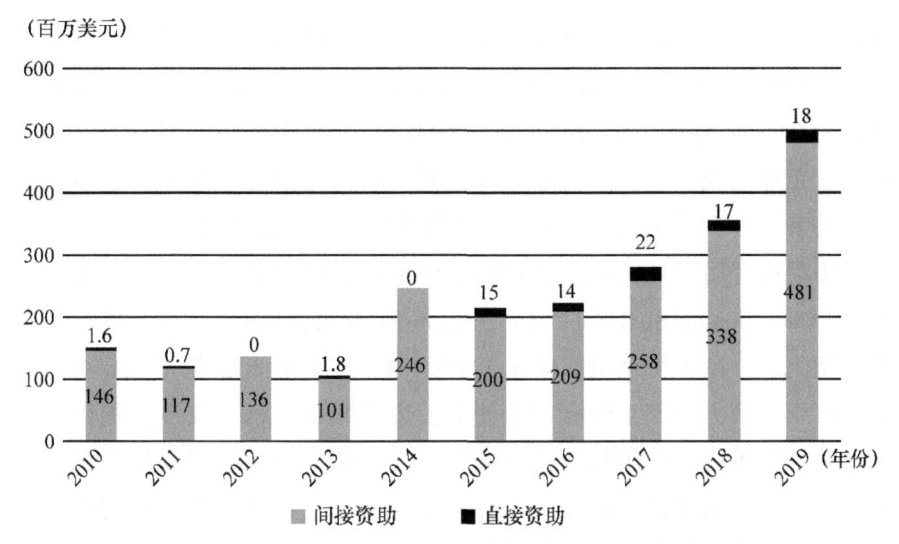

图 2-5　2010—2019年法国官方发展援助资助社会组织统计

说明：图中数据为2018年不变价格。

资料来源：OECD。

---

① Financing NGO Projects, https://www.afd.fr/en/financing-ngo-projects.

除此之外，法国中央政府会设立专项基金资助在专门性议题或领域开展工作的社会组织，例如资助环保组织的法国世界环境基金（Le Fonds Francais pour l'environnement mondial）等。法国开发署与外交部也有一些专门性的议题，尤其是与危机应对有关的支持性机制。外交部负责在国际参与的志愿服务、人道主义救援、粮食救援、文化和法语国家共同体影响力方面的事务。在资金支持上，以人道主义救援和危机救助为主的社会组织可以通过外交部的危机与支持中心（Center de Crise et de Soutien）所提供的人道主义应急基金（Fonds d'urgence huamnitaire）获得资助与支持。

法国政府重视与非国家行为体之间的沟通对话，为响应 2013 年全国发展和国际团结会议期间表达的公民社会高度期望、为公民社会创造支持性环境，根据 2014 年发展和国际团结政策和规划法案（LOPDSI）建立了国家发展与国际团结委员会（The National Council for Development International International and Interuationel Solidarity，CNDSI），[①] 这是一个多方利益相关者论坛，可以就发展和国际团结政策的挑战进行公开的高层对话。2015 年以来，CNDSI 每年召开 3 次会议。CNDSI 由 67 名成员组成，分为 10 个小组，代表民间社会的各个组成部分：社会组织、工会、雇主、企业、议会成员、地方政府、大学和研究中心、基金会、多方利益相关者平台和外国人士，为理事会带来独特的外部专业知识。

法国也有属于自己社会组织的伞状平台，即"团结、紧急、发展协同"（Coordination SUD-Solidarité Urgence Développement），也可以称为南方协调组织。南方协调组织成立于 1994 年，如今已经汇集了 180 个法国社会组织。南方协调组织有四个使命：促进和维护部门发展；提供辅导和培训来促进社会组织机构的专业化；在欧洲，比如法国倡导公共机构和私营机构的团结协作；监测和分析服务即信息传播。南方协调组织主要依靠其成员、伙伴以及国内网络来响应其使命。由于法国政府的资助项目一般都是针对一些大型的社会组织，所以一些初创型、小型的人道主义救援类的社会组织则主要通过南方协调组织来运作以及与有更多资

---

① CNDSI, https://www.diplomatie.gouv.fr/en/french-foreign-policy/development-assistance/partnerships-64129/the-national-council-for/.

源和经验的应急型社会组织开展合作。①

第四节 德国政府与社会组织合作的现状

德国联邦政府中主管对外援助和发展合作政策的部门是经济合作和发展部（Federal Ministry for Economic Cooperation and Development，BMZ）②。该部成立于1961年，致力于通过国际合作和伙伴关系鼓励德国和其他国家的经济发展。在BMZ的总体领导下，德国国际合作机构（Deutsche Gesellschaft für Internationale Zusammenarbeit，GIZ）和德国复兴信贷银行（Kredtanstalt für Wiederaufbau，KfW）负责实施双边合作，这是德国官方发展援助（ODA）的主要部分。出于教育和服务目的，全球参与（Engagement Global，EG）也隶属于该部。除此之外，与法国类似的，外交部也会负责部分人道主义救援类的社会组织资助。总体来看，德国对社会组织的资助呈现上升趋势，且自2015年开始设置了对社会组织的直接资助，具体可见图2-6。

在2016年的新版《德国可持续发展战略》中，德国联邦政府把加强与社会各界行动者的合作确定为进一步发展该战略的重点工作之一，德国社会组织的大部分预算信息通过2012年新创建的机构——全球参与（Engagement Global，EG）③集中起来。EG是德国第一家为发展政策承诺、信息服务和教育工作提供多种选择的中央联络机构，其主要功能是提供有关德国和全球当前项目和倡议的信息，就发展项目向个人和团体提供建议，并提供财务支持。

德国联邦政府会拨款资助一些当地社会组织发起的技术合作领域的小型项目，项目最长期限为1年，最高限额为20000欧元。这种小型项目计划的目的是改善贫困和满足最弱势群体的基本需求。资金不能用于支付管

---

① Coordination SUD-Solidarité Urgence Développement，https：//www.coordinationsud.org/.
② BMZ，https：//www.bmz.de/en/ministry.
③ Engagement Global，https：//www.engagement-global.de/homepage.html.

(百万美元)

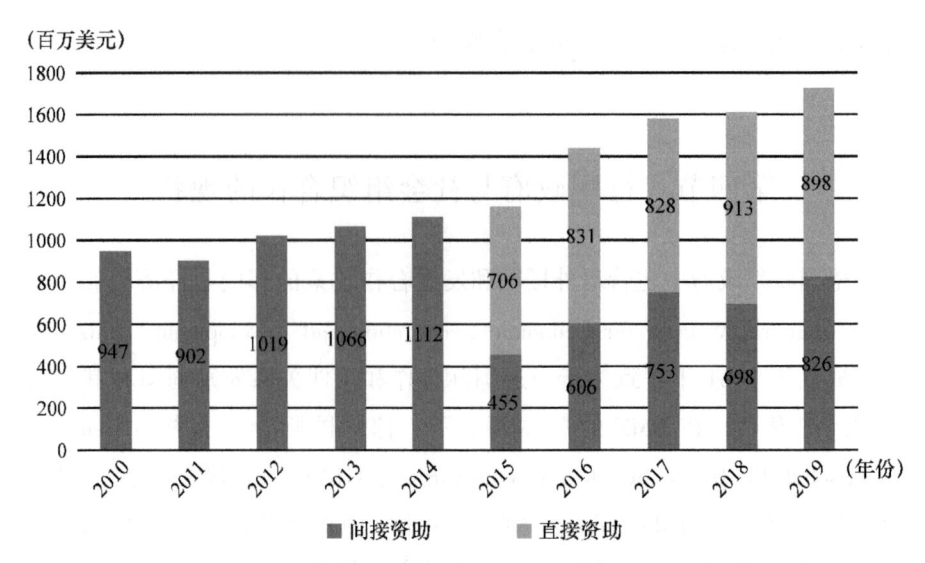

图 2-6　2010—2019 年德国官方发展援助资助社会组织统计

说明：图中数据为 2018 年不变价格。

资料来源：OECD。

理费用、工资和差旅费用。在发展援助方面大额的资助项目上，德国推出多利益攸关方伙伴关系框架项目（Multi-Akteurs-Partnerschaften，MAP）。[①] 在 MAP 这一伙伴关系框架下，德国社会组织可以与当地的合作伙伴展开长期合作，并与来自商业、科学界和国家、地方民间社会的参与者合作，共同制定应对复杂挑战的解决方案，建立一种制度化的平等的伙伴关系，所有行为者都在其中贡献自己的经验和资源。民间组织发起的 MAP 资金量通常在 25 万欧元到 150 万欧元，资助年限为 4 年，也可能会视情况延长至下一阶段。此外，还有"全球项目"（Global Programme），[②] 资助金额一般都超过 100 万欧元，项目期限为 4—5 年，资助对象为更大型和更有经验的社会组织。全球项目强调应通过各个项目模块的协同和互补效应，在中观和宏观层面实现更高的结构形成效应，具体是由多个部门与多个国家参与协同。

---

① Multi-Akteurs-Partnerschaften，https://bengo.engagement-global.de/multi-akteurs-partnerschaften-map.html.

② Global Programme，https://bengo.engagement-global.de/globalprogramme.html.

需要注意的是，德国公民社会组织的大部分资金被指定用于政治基金会和宗教组织，它们长期以来也一直是德国公民社会组织的主导力量。每个在联邦议院有代表的政党都有一个注册为社会组织的基金会，并会从经济合作和发展部（BMZ）获得可观的收入。除了政治基金会之外，还有两大以教会为基础的网络组织——新教网络（EED）和天主教网络（Misereor），它们同样有权从 BMZ 获得拨款。

在人道主义援助方面，德国联邦政府通过联邦外交部与联合国人道主义组织、国际红十字会与红新月运动以及专业社会组织密切合作，提供人道主义援助。人道主义援助措施，例如建造紧急避难所或提供医疗服务，需要专业技能和快速反应。出于这个原因，联邦外交部与合适的合格合作伙伴合作实施具体项目。这些合作伙伴包括人道主义联合国组织（例如联合国难民事务高级专员公署、世界粮食计划署、联合国人道主义事务协调厅）、国际红十字会与红新月运动（例如红十字国际委员会、红十字会与红新月会国际联合会、德国红十字会、其他国家红十字会与红新月会）以及德国和国际人道主义社会组织。德国还与社会组织伞式协会或智囊团合作，提供人道主义援助，特别是旨在提高国际人道主义系统能力的措施。这些在国际人道主义援助领域中与受资助者建立的伙伴关系基于联邦外交部海外人道主义援助战略文件中规定的目标和原则。申请资金的救济组织只有在与联邦外交部的人道主义部门确认其在原则上符合人道主义援助资金的条件后，才能申请人道主义援助措施的资金。① 人道主义援助协调委员会是德国政府、人道主义社会组织和活跃在人道主义援助领域的其他机构之间进行讨论和协调的中心论坛。1994年成立以来，它定期举行会议，会议轮流在联邦外交部、德国政府牵头的人道主义援助部和其他某一成员的办公室举行，有时还会临时召开会议以应对危机。②

德国关于发展目标的社会组织组成了几个伞状机构，其中最著名的是德国发展与人道主义援助社会组织协会（VENRO）。它成立于1995

---

① https://www.auswaertiges-amt.de/en/aussenpolitik/themen/humanitarianassistance/-/256632.

② https://www.auswaertiges-amt.de/en/aussenpolitik/themen/humanitarianassistance/coordinating-committee/281818.

年，有140多个社会组织成员，包括一些大型的民间社会组织以及国有社会组织，是一个代表发展合作领域的社会组织来游说政府的全国性平台。

第五节 日本政府与社会组织合作的现状

隶属于日本外务省的"国际协力机构"（Japan International Cooperation Agency，JICA）①是日本对外支援的重要实施机构。国际协力机构成立于1974年，原名为日本国际协力事业团，2003年改名为国际协力机构。该机构承担着与其他国家技术合作、金融投资合作（ODA贷款）以及提供无偿补助金等工作。

日本国际协力机构对社会组织最主要的资助方式就是通过对日本社会组织的赠款援助，为其在受援国实施的社会经济发展项目提供资金支持。该项目下可支持的领域十分广泛，涉及医疗保健、教育和人力资源开发、职业培训、农村发展、水资源开发等多个方面。1989年外务省创设了"非政府组织事业补助金制度"，主要针对日本在经济社会发展领域所开展的相关活动、活动后评估、召开国内外研修会等的NGO给予活动经费的一半或者200万日元上限的补助，该补助金主要针对一些小型的项目进行支持。日本政府还设立了"草根人类安全保障无偿资金合作"（Grant Assistance for Grassroots Human Security Projects），②主要是针对发展中国家开展活动的社会组织、教育机构、医疗机构等进行支援，项目资助金额原则上不超过1000万日元。此外，日本国际协力机构还倡导成立了"日本国际协力机构伙伴计划"（JICA Partnership Program），用于支持日本的社会组织、大学、地方政府等涉及援外的机构开展各项公益活动（舒伟超，2021）。

---

① JICA, https://www.jica.go.jp/english/index.html?.
② Embassy of Japan in Armenia, "Grant Assistance for Grassroots Human Security Projects", https://www.am.emb-japan.go.jp/itpr_en/b_000195.html#:~:text=The%20Grant%20Assistance%20for%20Grassroots,on%20a%20comparatively%20small%20scale.

在人道主义应急救援领域，主要是通过对日本集合型社会组织"日本平台"（Japan Platform，JPF）①资助日本社会组织在海外开展人道主义救援活动。JPF 是日本政府、经济界和社会组织三个部门之间相互合作的产物。JPF 作为一个为非政府提供资金的独特渠道，它会利用外务省提供的汇集资金（政府资金）和捐赠（私人资金）来开展工作。该组织成立于 2000 年，旨在通过社会组织、政府和私营部门的合作来提供快速紧急的救济。JPF 资助 20 个有资格提交建议书的非政府机构成员。

其他资助还包括独立行政法人环境再生保全机构的全球环境日本基金会（Japan Fund for Global Environment）的赠款，平均每个项目资助 400 万日元；日本国际绿化推进中心的国际森林保护日本社会组织的支持项目。此外，日本国际合作系统（Japan International Cooperation System，JICS）②每年会选择 10 个小型的日本社会组织，支持它们的发展。日本对社会组织的官方资助情况可见图 2-7。

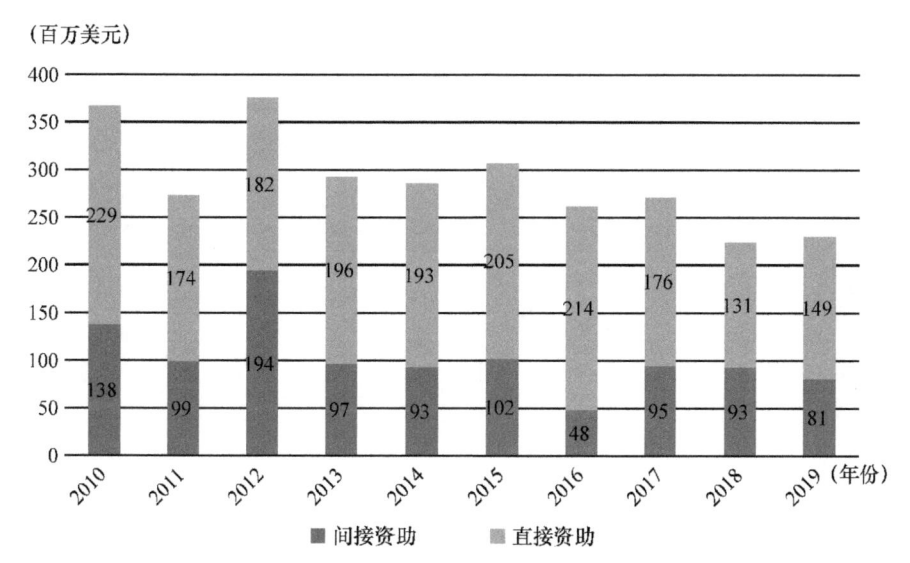

图 2-7　2010—2019 年日本官方发展援助资助社会组织统计

资料来源：OECD。

---

① Japan Platform，https：//www.japanplatform.org/E/.
② JICS，https：//www.jics.or.jp/jics_html-e/.

为促进日本政府与社会组织之间的交流对话，外务省和社会组织之间构建了多种对话协商机制。1996年外务省设置了"NGO·外务省定期协议会"，内容包括通知社会组织关于官方发展援助的信息、就加强双方伙伴关系交换意见、就ODA的政策如何对社会组织提供帮助等问题进行讨论和协商等。大会一般每年举行一次，另设立官方发展援助政策理事会和伙伴关系促进委员会两个分委会，分别每年召开三次会议。2002年设立了"NGO担当大使"来代表外务省与社会组织交换信息、交流意见，主要是为了推动在发展中国家开展活动的日本社会组织与日本驻该国大使馆交流意见和观点，促进日本社会组织在发展中国家更为有效率和有效果地开展官方发展援助的活动（蔡礼强、刘力达，2019）。为提高社会组织自身的能力和专业水平，外务省设立了"NGO研究会"制度，每年由外务省确定主题，采取竞标的方式来选择实施团体。

第三章 国际发展中的政府与社会组织合作：比较视角下的挑战与机遇*

第一节 政府与社会组织合作的比较

从图 3-1、图 3-2 中可以看出，各个国家对社会组织的资助的方式和规模都有差异，其中美国对社会组织的资助金额规模最大且几乎全部采用间接资助的方式；英国和德国次之，且德国在直接、间接资助之间相对均衡，而英国则更加侧重于间接资助；法国和日本相较于其他三个国家资助规模较小。虽然经过一段时间的持续下降后，法国的官方发展

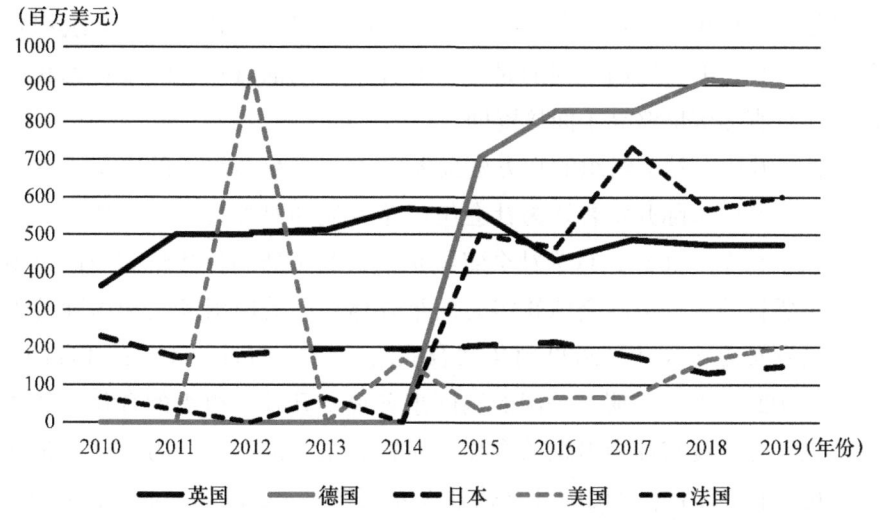

图 3-1 2010—2019 年 OECD 五国官方发展援助（ODA）直接资助社会组织统计

资料来源：OECD。

---

* 关于本章，古力加依娜·乌苏甫坎也参与了撰写。

(百万美元)

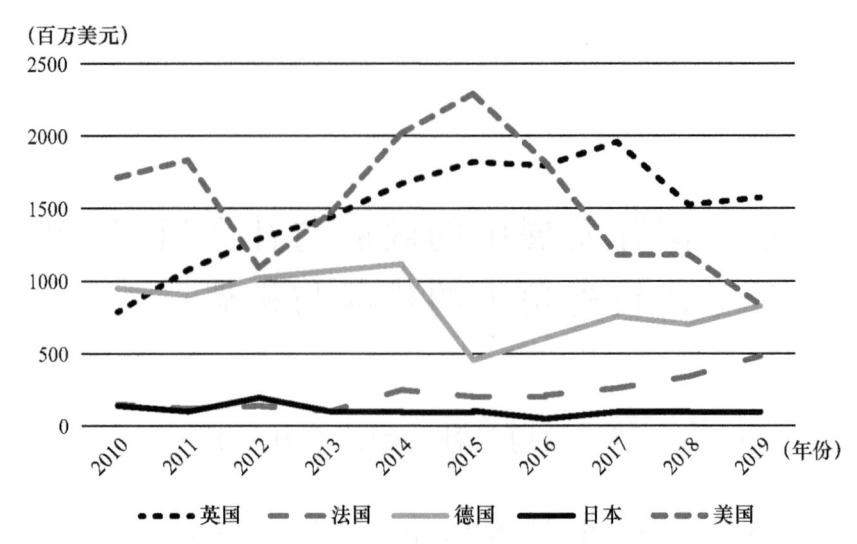

图 3-2　2010—2019 年 OECD 五国官方发展援助（ODA）间接资助社会组织统计

资料来源：OECD。

援助近年来有所增加，然而，与大多数其他 OECD 国家相比，法国的民间组织资金仍然非常少，2017 年仅占官方发展援助的 3%。此外，法国主要是通过公民社会组织提供资金（即间接资助）。日本的社会组织资金也非常少，但与法国不同的是，它对社会组织的直接、间接资助相对均衡，且直接资助略高于间接资助。

各国政府对社会组织的官方资助差异与其对社会组织的定位不同是相关的。美国国际开发署认为社会组织是发展和对外援助合作伙伴，刘力达和蔡礼强（2021）认为社会组织是推行其全球霸权战略和美国价值观的重要行动者，美国全球软实力的重要体现。美国国务院和国际开发署共同发布的《2018—2022 财年联合战略计划》（Joint Strategic Plan FY 2018—2022）明确表明，美国的国际事务离不开社会组织的合作。英国政府也十分重视与社会组织的合作，对社会组织的专业能力、经验都比较认可。在 2016 年《民间社会伙伴关系回顾》（Civil Society Partnership Review）中表明"健康、有活力和高效的民间社会领域是英国软实力和全球领导力的至关重要的部分，因此英国政府会给予最强有力的支持"。但相较于美国，英国历届政府都更多地将公民社会组织视为政府政策的

第三章　国际发展中的政府与社会组织合作：比较视角下的挑战与机遇

执行者，而不是平等的伙伴，二者之间的关系一直以高度的工具主义为特征，公民社会组织被视为向穷人和有需要的人提供服务的"分包商"。德国政府近年来多次出台相关的政策文件（例如《参与、投入、改变：德国发展政策中与民间社会合作的战略》等）将社会组织纳入对外援助政策的战略框架之中，但德国政府和社会组织之间的关系一直遵循辅助性原则（即社会问题应该在政府尽可能低的干预的层次上处理）和自主性原则（尊重社会组织的自治）。法国在 2014 年首次就发展援助政策颁布法律，出台了《发展与国际团结政策方向与计划法》，以法律形式明确社会组织在对外援助中的重要地位。但国家一直在发展合作领域占据主导地位，法国政府和公民社会组织之间的关系被描述为"遥远的伙伴模式"，标志着关系薄弱和缺乏共同利益。[①] 日本政府与美国类似，也认为社会组织是其重要的合作伙伴，且十分重视对社会组织自身能力的培养。

在资助方式上，可以看到各个国家都运用了多种资助方式，如项目资助、合同外包、公私伙伴关系、委托代理等。在项目资助方面，除了 5 个国家都广泛采用的常规项目赠款外，美国的资助规模最大且项目类别也非常丰富；英国和德国次之；日本和法国资助规模最少，但是各自也有自身的特色。英国和美国都会根据不同的项目采取不同的政府干预程度。例如美国的合作协议、领导者联合奖金中的政府参与要比赠款更加深入；英国直接援助计划是由社会组织竞标政府自身创立的援助项目，而配套援助计划则是社会组织自身设立援助计划项目，政府只负责监督；法国的资助项目主要还是一些大型的、经验丰富的社会组织，一些初创型、小型的人道主义救援类的社会组织则主要通过南方协调组织来运作，以及与有更多资源和经验的应急型社会组织开展合作；而德国总体上强调的是社会组织的辅助性和自主性的原则，政府对于社会组织的介入与干预相对较少，社会组织的自由度比较大。尽管对发展援助和人道主义援助类社会组织的资助近年来逐渐增加，但实际上政府对社会组织的大

---

① Hoebink, P., & Schulpen, L., "From plains and mountains: comparing European private aid and government support for private aid organizations", In Hoebink, P. eds., *Private Development Aid in Europe*, London: Palgrave Macmillan, 2014, pp. 292–319.

部分资助资金去往政治基金会以及新教与天主教的网络组织。根据德国发展与人道主义援助社会组织协会（VENRO）的数据，政治基金会在 2017 年受政府资助 2.71 亿欧元，基督教组织网络为 2.61 亿欧元，两者总共达到 5.32 亿欧元，而给到发展援助类社会组织的仅约为 1 亿欧元。① 日本政府设立的资助项目种类相较于其他国家较少，但十分重视对社会组织能力的培养，会通过直接补贴赠款的方式支持日本社会组织的项目成型研究、项目完成评估、在国内外举办研讨会等相关活动。

相较于项目资助，合同外包的方式对社会组织参与对外援助活动的控制性更强，结果导向更为明确和严格（刘力达、蔡礼强，2021）。在资助对象上，项目资助主要面向社会组织，而合同外包面向对象则包括企业和社会组织。美国大量运用合同外包的方式，例如前面列出的成本补偿合同、固定价格合同、不确定交货、不确定数量合同等。英国近年来也越来越重视合同外包。2016—2017 年，14 亿英镑（14%的 DFID 预算）是通过商业合同分配的，但合同外包主要支持的是大中型社会组织，资金规模少于 2000 万英镑的社会组织能拿到的合同较少。同时，英国政府的资助项目激励了民间社会组织和私营部门之间建立财团，并由咨询公司管理。可以说，尽管一些资助项目符合政府资助的标准，但私营部门的逐步参与——包括作为基金管理者和接受方——以及引入类似合同的特征，使得资助与商业合同之间的界限变得模糊。刘力达和蔡礼强（2021）指出德国也运用合同外包的方式，其具体执行机构是德国经合发展部所有并委托工作的德国国际合作机构（GIZ），根据德国国际合作机构 2019 年 6 月发布的《2018 年物品与服务采购与资金安排报告》中的数据，大约 4.33 亿欧元通过合同外包的形式给到国际性和受援国社会组织，1.11 亿欧元通过合同外包的形式支持德国的社会组织。②

---

① Boris Verbrugge & Huib Huyse, "Donor Relationships with Development CSOs at a Crossroads? A Comparative Study of Changing Funding Realities in 6 European Donor Countries," HIVA, 2018, p.43.

② GIZ, Report on the Procurement of Goods and Services and the Conclusion of Financing Arrangements (2018), 2019, p.21.

第三章　国际发展中的政府与社会组织合作：比较视角下的挑战与机遇

在委托代理方式的运用中，刘力达和蔡礼强（2021）认为在委托资深社会组织代为管理社会组织相关事务方面，德国和法国运用得比较突出，例如以德国议会各主要政党为基础建立的政党基金会——艾伯特基金会、阿登纳基金会、赛德尔基金会、伯尔基金会和卢森堡基金会。这些政治基金会在海外广泛设立分支机构，基于各自的政党理念，结合国家海外战略偏好和利益，开展大量国际发展合作活动。除此之外，还有专门性的官办社会组织也在德国的对外援助中发挥作用，例如由德国经合发展部与外交部共同全额资助的"国际医生"（Medico International）。德国还会将一些5万欧元以下的发展援助类项目资助遴选委托给资深社会组织，例如舒尔茨基金会（W. P. Schmitz Stiftung）管理。法国主要在项目资助和对外援助评估方面对社会组织使用委托代理政策工具。例如交由南方协调组织来负责一些初创型、小型的人道主义救援类的社会组织的项目申请与合作、委托社会组织"社会组织欧洲协会"（La Guilde Européenne du Raid）负责社会组织申请的发展领域的小微项目，每个项目金额在2000—15000欧元。美国的委托代理与德国、法国有所不同，主要表现为将国家的战略偏好、对受援国内部事务的介入等委托给官办社会组织以间接的方式推进、实现（刘力达、蔡礼强，2021）。

在政府支持社会组织参与对外援助的场域中，公私伙伴关系（PPP）即政府—企业—社会组织之间的合作关系。一般通过这种多方合作的形式，利用各方的优势资源和专长，协力解决复杂的公共项目，整合社会资源，提升公共服务的效率和质量。美国国际开发署于2001年设立了全球发展联盟（Global Development Alliances），强调企业与社会组织是核心资源伙伴，与政府有着相同的目标且共同承担风险，并明确规定政府和非官方行为体的资金配比不低于1∶1。[①] 美国国务院也建立了全球伙伴关系倡议（Global Partnership Initiative），不过该项目主要侧重于外交而非发展援助的目的。英国也很重视公私伙伴关系的搭建，前面提到的联合援助计划就是强调不同领域的社会组织、企业、智库、高校等组成团

---

① USAID, FY 2014 & FY 2015 Global Development Alliance (GDA) Annual Program Statement (APS), 2015, p. 41.

队申请该项目的资助，并且明确要求团队的领衔组织者必须是社会组织或高校等注册社会组织而不能是营利性组织。此外，联合援助计划致力于为复杂的社会问题提供具有创新性的解决方案，因此要求领衔组织者需要表明其有足够的能力、资历和治理结构去负责资金在整个团队中的安排。团队也必须要有受援助的发展中国家的合作者加入，资助年限可达到4年，资金规模必须在100万英镑以上。德国关于公私伙伴关系工具的利用主要体现在多利益攸关方伙伴关系框架项目（MAP）上，这是政府—企业—社会组织多方联动合作的项目，要求至少包括来自公共领域、民间社会、私营领域和学术界这四个领域中的三个，而且必须与德国社会组织有长期合作，且有3年以上的经合发展部或其他联邦政府部委项目的经验。日本的公私伙伴关系应用主要体现在其国际协力机构亦设有"国际协力机构伙伴关系项目"（JPP），这是国际协力机构与日本社会组织、高校、地方政府等合作伙伴共同执行的项目，主要根据类型和规模分为三档：合作伙伴型（项目金额不超过1亿日元，实施时间不超过5年）、支持型（项目金额不超过1000万日元，实施时间不超过3年）、地方政府型（项目金额不超过3000万日元，实施时间不超过3年）。① 法国在一些对外援助领域（例如环境保护、人道援助等的资助）中鼓励多方合作。总体来说，美国对公私伙伴关系的重视程度最高、运用规模最大。英国、德国和日本主要是在一些较大额的资助项目中运用公私伙伴关系政策工具，而法国在目前的实践中还较少有突出的针对社会组织的公私伙伴关系项目或制度安排（刘力达、蔡礼强，2021）。对OECD五国政府资助社会组织的对比总结见表3-1。

表3-1　　　　　　　　OECD五国政府资助社会组织对比总结

	美国	英国	法国	德国	日本
政府机构设置	美国国际开发署（USAID）	外交、联邦和发展办公室（FCDO）	法国开发署（AFD）、外交部	经济合作和发展部（BMZ）外交部	国际协力机构（JICA）

---

① Ministry of Foreign Affairs of Japan, White Paper on Development Cooperation 2018, 2019, p.149.

第三章 国际发展中的政府与社会组织合作：比较视角下的挑战与机遇

续表

	美国	英国	法国	德国	日本
政府对社会组织的定位	发展和对外援助合作伙伴	政府政策的执行者，奉行高度的工具主义	国家一直在发展合作领域占据主导地位，与社会组织是"遥远的伙伴模式"	辅助性原则、自主性原则	重要的合作伙伴，重视对社会组织自身能力的培养
政府对社会组织的资助规模与方式	很大（间接资助为主）	较大（间接资助多于直接资助）	少（间接资助为主）	较大（直接资助和间接资助相对均衡）	少（直接资助和间接资助相对均衡）
项目资助	赠款（固定金额赠款、简单赠款、标准赠款、领导者联合奖金）以及合作协议等	直接援助计划、配套援助计划、联合援助计划、援助志愿者计划、全球创新基金等	民间社会组织计划、社会组织领域创新基金等	多利益攸关方伙伴关系框架项目、全球项目等	草根人类安全保障无偿资金合作、日本国际协力机构伙伴计划、日本平台等
合同外包	大量使用（成本补偿合同、固定价格合同等）	大量使用	较少使用	较多使用	较少使用
委托代理	大量使用（国家民主基金会、美国国际事务民主协会等）	较少使用（主要是英国文化海外传播的社会组织）	较多使用（南方协调组织、社会组织欧洲协会等）	大量使用（六大政党基金会、宗教基金会、国际医生等）	很少使用
公私合作伙伴关系	大量使用（全球发展联盟）	较多使用（联合援助计划）	较少使用	较多使用（多利益攸关方伙伴关系框架项目）	较多使用（国际协力机构伙伴关系项目）
政府与社会组织交流协作平台与机制	InterAction 等	BOND 等	"团结、紧急、发展协同"等	德国发展与人道主义援助社会组织协会（VENRO）等	NGO·外务省定期协议会、日本平台（JPF）等

第二节　政府与社会组织合作的挑战与机遇

目前社会组织凭借其专业性和亲民性开始得到各个政府机构的重视，但各个国家的社会组织目前也面临一些质疑和挑战。例如近年来英国出现了政治动荡和民粹主义反弹，发展中的公民社会组织也未能幸免。在这种日益增长的不确定性中，发展合作的相关性一再受到保守党内部民族主义势力的质疑，它们认为慈善应该"从国内开始"，英国政府2015年发布的最新援助战略题为"英国援助：从国家利益出发应对全球挑战"。同时正如前面提到的，英国政府对社会组织高度工具性的定位以及私营企业的合作使资助与商业合同之间的界限越来越模糊。对于法国，政府对于社会组织的资助一直处在较低的水平，近年来虽稍有增长，但一些学者就对其发展援助的政治化和再集中化提出了担忧，以及对援助工具化的广泛担忧，更重要的还有对公民社会组织的主导地位的担忧。德国与社会组织之间的关系一直是以辅助性原则和自主性原则为主导，但近年来也有一些对德国政府试图引导社会组织遵循其外交政策目标的担忧。

除此之外，2019年，DAC成员国向社会组织提供了207亿美元的双边官方发展援助资金。分配给民间社会组织和通过民间社会组织分配给发展援助委员会成员的双边官方发展援助份额稳定保持在15%。尽管有小幅增长，但发展中国家民间社会组织在所有类别的民间社会组织中获得的支持份额仍然最低（2019年为6.1%，高于2018年的5.4%）。获得官方发展援助最大份额的民间社会组织是那些设在提供援助的国家的民间社会组织，它们通常与当地组织合作，具体数据可见图3-3。

通过更仔细地观察国家层面的表现可以看到美国占总数的1/3以上（67亿美元）。欧盟机构向民间社会组织提供和通过民间社会组织提供的双边官方发展援助比例有所提高（从2018年双边官方发展援助的10.6%上升至2019年的11.5%），达到20亿美元。在其他官方发展合作提供者中，阿拉伯联合酋长国占2019年公民社会组织总拨款的2/3以上

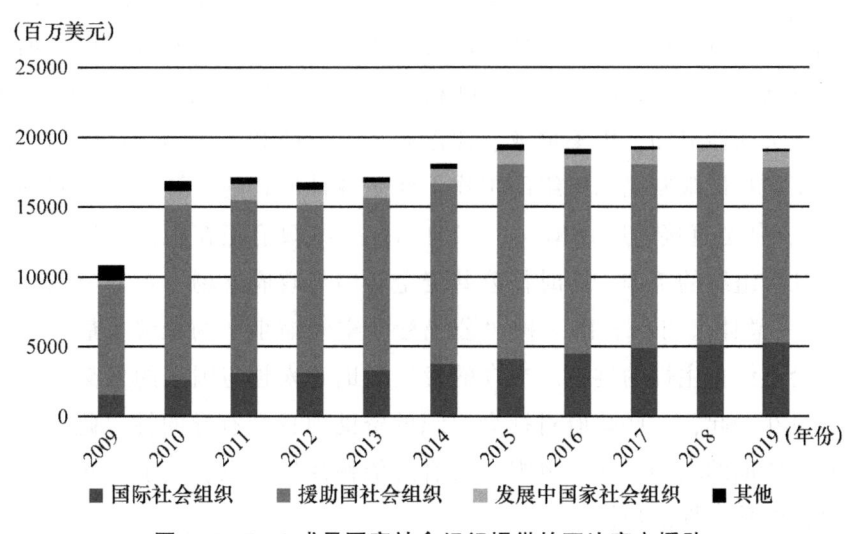

第三章 国际发展中的政府与社会组织合作：比较视角下的挑战与机遇

（百万美元）

图 3-3 DAC 成员国家社会组织提供的双边官方援助

说明：图中数据为 2018 年不变价格。

资料来源：Wilcks, J., N. Pelechà Aigües and E. Bosch, "Development co-operation funding: Highlights from the complete and final 2019 ODA statistics", in Development Co-operation Profiles, Paris: OECD Publishing, 2021.

（总计 3.443 亿美元）。爱尔兰（21%）为公民社会组织提供了最高的核心贡献份额，其次是比利时（18%）、瑞士（11%）、意大利（9%）和挪威（7%）。核心支持最有利于在伙伴国家实现加强独立和多元的民间社会的目标。8 个国家（芬兰、冰岛、爱尔兰、日本、卢森堡、波兰、瑞士和英国）向民间社会组织提供的双边官方发展援助的份额有所下降。

总体来说，政府资助社会组织进行发展援助面临的主要挑战有以下几类。首先就是对社会组织的援助有效性的质疑。如今发展的主要引擎是经济增长，而不是减贫本身（Mawdsley, Kim, 2014）。这样的援助有效性范式出现的背景下，一些学者开始对社会组织以往为人称道的灵活性、亲民性进行质疑，甚至有学者将社会组织使用的发展问题和干预措施的简单化框架描述为一个"大谎言"（Riddell, 2007）。此外，私营部门越来越得到重视，各个国家政府越来越广泛使用商业合同的方式来进行发展援助，这在一定程度上也被视为对政府和民间社会管理的较传统援助渠道的低效率的反应。其次，民粹主义的兴起为发展中的公民社会组织带来了重要挑战，一系列与弱势群体组织伦理相关的丑闻更是加重了对发展民间社会组织工作的原则和价值观的严重质疑，例如2018年英国乐施会的性丑闻。坦桑尼亚、津巴布韦、巴西和菲律宾，这些国家的政府正在积极限制民间组织的工作，使用各种形式的监管（如限制外国资金），甚至直接镇压（Rutzen，2015）。一些政府正在积极阻碍关键的公民社会组织的工作，同时将公共资金转向与政府立场一致的公民社会组织。① 总体上可以看出一种"公民社会空间缩小"的趋势。最后，就是社会组织自主性的挑战。当今的发展援助越来越与国家的外交政策目标联系在一起，一些政府对社会组织的资助项目会有导向性。此外，随着政府资助的增加，社会组织对政府的依赖性加深也引发了一些学者对社会组织独立性的担忧。

挑战也意味着机遇。如今的筹资机制总是强调透明度、问责制和资金使用的有效性。在资金获得上，社会组织大多会采用众筹的方式。若能建设更加透明清晰的资金收支体系，势必能大大提升公众的信任感和对社会组织的支持率。同时，相较于私营部门，民间组织也有其自身不可替代的优势，如亲民性、灵活性等。社会组织需要不断完善自身能力，构建合作治理网络，发挥自身优势证明自身在发展援助领域的有效性和不可替代性。政府的政策固然会对社会组织产生重要影响，但这种影响是双向的。如今在日趋复杂的政治形势和国际环境下，政府越来越重视伙伴关系在发展援助合作中的运用，也注重搭建与社会组织之间的协商对话平台，这就意味着民间社会组织也可以利用其财政和政治影响力来影响政府向社会组织提供资金的设计和实施，从而在更加有利的政策环境中发挥更大的作用。

---

① https://www.civicus.org/documents/reports-and-publications/SOCS/2019/state-of-civil-society-report-2019_executive-summary.pdf.

第四章 对外援助中的项目制外包：
以美国国际开发署为例[*]

提供公共服务历来都是各国政府所履行的重要职责，公共服务供给效能也是政府合法性的重要支撑。因此，如何低成本、高质量地提供公共服务也自然成为各国公共管理实践与研究中的核心话题。纵观全球公共服务供给的历史不难发现，20世纪70年代末至80年代初英国撒切尔政府大规模推行国有资产私有化、国有企业民营化以来，全球许多国家都掀起了一阵资产和企业从国有转向民营的浪潮，而90年代以来这一浪潮开始逐渐延伸到政府部门内部，公共事务管理与公共服务供给走向了外包之路。诚然，民营化与购买服务的公共部门改革确实带来了低成本和高效率，减轻了公共财政的负担，也在一定程度上改善了政府部门的"官僚弊病"，使购买服务逐渐成为政府提供公共服务的重要工具，进而推动了实践层面上由传统公共管理向新公共管理的转变。在中国，2013年国务院办公厅出台了政府购买公共服务的相关指导意见。意见明确指出"政府向社会力量购买服务，就是通过发挥市场机制作用，把政府直接向社会公众提供的一部分公共服务事项，按照一定的方式和程序，交由具备条件的社会力量承担，并由政府根据服务数量和质量向其支付费用"（国务院办公厅，2013），并且已然表明政府购买服务是公共服务供给的一种有效形式。

诚然，政府购买服务不单单意味着政府出资向具有服务供给能力的

---

[*] 本部分基于笔者发表在《复旦公共行政评论》的文章，具体参见顾丽梅、凌佳亨、赵剑治《对外援助中的项目制外包——美国国际开发署购买服务的执行模式与经验借鉴》，《复旦公共行政评论》2021年第2期。

社会组织和其他市场组织购买，也并不是一种简单的政市（社）交易行为，其背后更意味着公共管理的科学化、过程化与系统化。购买服务包含委托合同、公开招投标、市场调研、授权、后期评估等一系列环节，涉及服务购买模式、合作机构选择、财政资金调拨、流程机制制定、公共风险控制等一系列问题，而厘清购买服务中的流程机制，界定每一环节的内涵与任务，探索符合实践要求的模式正是研究政府购买服务的关键命题。这一命题经过多年的实践探索与理论研究，无论是国内还是国外，都已然形成了许多形色不一的模式。在众多模式和实践中，作为经合组织发展援助委员会的核心成员国美国，其负责国内对外援助服务供给的机构——美国国际开发署在对外援助领域多年的实践探索中形成了一套完整的购买服务流程机制，对购买服务流程中各个环节进行了清晰界定与阐述，笔者称之为项目制外包模式，这一模式尤其值得我们关注，其中的运作流程、价值理念与不足也对当前中国推行政府购买服务具有借鉴意义。借此，本章立足于美国国际开发署购买对外援助服务的项目制外包模式及其流程机制，探讨在对外援助服务的供给中，这种项目制外包模式的流程机制如何设定与执行，公共服务的承接机构如何选择，以及公共服务的发包方、承包方与接收方三者的关系如何界定，旨在抛砖引玉，以唤起学术界的研究旨趣。

第一节　政府购买服务的典型模式

总体来说，政府购买服务是一个较为宽泛的话题，具体实施起来也较为灵活，涉及多种模式与流程机制，而关于购买服务模式的研究，从中国学界目前的探讨中可以归结出五种典型模式。一是合同制。这是当前学术界和实务界最为常见的购买服务模式，合同制通常指政府通过与具有服务供给能力的社会组织或其他市场主体（社会主体）签订合同（契约委托）的形式购买服务，政府向受委托组织授权或提供资金，而由服务承接主体进行具体公共服务的供给，在契约委托之下，公共服务的购买方政府与服务承接方各类组织形成了委托—代理关系。二是项目制。项目制突破了传统的科层制政府执行体系，实现了条块分割，以具体的公共服务项目为中心进行服务的外包，并注重对结果的考察。目前学界关于项目制政府购买服务的讨论颇多，有的学者从财政资金分配的专项化角度切入理解项目制，认为项目制是政府之间及政府内部各部门之间财政关系转变的一个重要现象；也有的学者立足于具体实施项目制购买服务的地方案例，提出了地方政府购买服务的"行政雇用制"与"项目外包制"正在渐进地走向融合，进而形成一种超越两者的复合型体制的观点（王学梦、董国礼，2020）。三是凭单制。凭单制通过单据实现公共服务的转移，具有票券等多样化的形式，例如有的学者针对性研究了发达国家的特定领域专项资金购买服务实践——"创新券"（江永清，2017），这本质上也是一种凭单制的购买服务手段。凭单制的购买服务模式一般依赖于充分竞争的公共服务市场，服务具有排他性、可收费等适用条件，在管理机制上以凭单而非合同制的合同为中心，在服务承接主体确定途径上通常不使用政府采购方式，与合同制形式的政府购买公共服务存在较大差异（刘晓洲、窦笑晨，2019）。四是公益创投模式。这是近年来政府购买服务领域中新兴起的一种模式，公益创投一般是通过委托运作，即由政府提供公益创投资金，委托第三方组织对项目评审、监督和评估。其中又可以具体区分为单一委托和多重委托，将评审和监督、评估交由同一社会组织承办的，称为单一委托；而将评审和监督、评估交由不同的社会组织承办的，称为多重委托。也有的公益创投是独立运作的模式，即项目评审由政府或政府组织专家直接进行，根据评审结果对优秀的公益项目进行资助，最后委托专家组进行评估（郑钦，2017）。五是混合制模式。所谓混合，即购买服务的项目制与政府常规性提供公共服务相结合，本质是由于政府和社会组织的中度信任而产生的介于两种制度之间的模式（王清，2016）。当然不仅局限于项目制与常规政府提供公共服务的结合，广义上的混合制模式包括以上任意模式的结合运用。上述不同的购买服务模式适用于不同的情景，共同存在于当前国内外政府购买服务的实践中。

虽然政府购买服务涉及多种模式的选择，但当前运用最多、在公共部门实践中最具影响力的还是项目制模式。项目制作为政府购买服务的重要形式，具有独特的优点：一方面，项目制实现了条块分割，突破了传统政府科层制的束缚，实施起来较为灵活，能够根据具体项目的实际要求选择公共服务的承接方即合作方以及合作形式；另一方面，项目制不仅在购买服务的前端层面引入了市场竞争性，通过招投标与竞标的形式筛选出低成本、高效率、高质量的服务供给机构与投标项目，同样能够通过过程管理在项目实施的全过程引入市场竞争活力，显著提高公共服务供给的效率和质量，增强对公众诉求的回应性。诚然，在项目制购买服务模式的具体研究上，同样有不少学者做过相关研究，有学者曾指出项目制模式的优点，得益于项目制资金管理的灵活性，中国上海市在政府购买的模式上就多运用项目制，项目制也更适用于中国自上而下的资源输入式控制（薛泽林、孙荣，2017）；亦有学者从广东欠发达地区的实际出发，发现项目制存在服务项目的选择性购买、合同管理困境、制度设计缺乏系统性等问题（马全中，2019）。但已有研究更多从项目制的现状与问题视角分析，重在分析项目制模式的优缺点及适用场景，对于项目制购买服务如何落地和具体执行、其中每一步的流程机制与制度安排又该怎样规定，却鲜有人进行探讨。

在项目制购买服务模式的具体实践中，最为重要的是项目制的执行形式，即如何将项目授权给具体的服务承包组织，这决定了项目执行和公共服务购买的质量和效率。笔者认为，在项目制购买服务的模式下，具体执行机制不外乎有以下四种：竞争性谈判、单一来源采购、项目制公开招标、邀请招标。对于这四种形式，具体选择的关键在于确定政府部门职责及其购买服务的范围界限、项目合作机构的选择情况两个维度。从政府购买服务的范围领域出发，其影响着项目制执行的策略选择，尤其在于对特定承接机构的能力要求。当购买范围较窄时，意味着政府发包的方向较为固定，多集中于某一个或某几个领域，因此公共服务承包方的选择也会相对集中于某一行业领域的优势机构或某几家头部机构，更多会采用竞争性谈判和单一来源采购的形式，便于控制和降低购买的程序性成本。反之，当购买服务的范围较广，涉及几个不同的领域时，不设限的市场竞争往往能够更好地筛选出不同领域内最合适的承包机构。另外，政府合作机构（或潜在合作机构）的固定与多元同样影响了项目制的具体执行，当合作机构较多时，为满足市场化公平竞争的需要，会引入项目制公开招标的形式，而在服务供给较为专业化细分化、购买范围较窄且合作机构相对固定时，往往会选择单一来源的采购形式；购买范围较广且合作机构较为固定时，则多会邀请特定机构进行招标，实行对口合作的方式。关于项目制购买服务执行类型分析如图4-1所示。

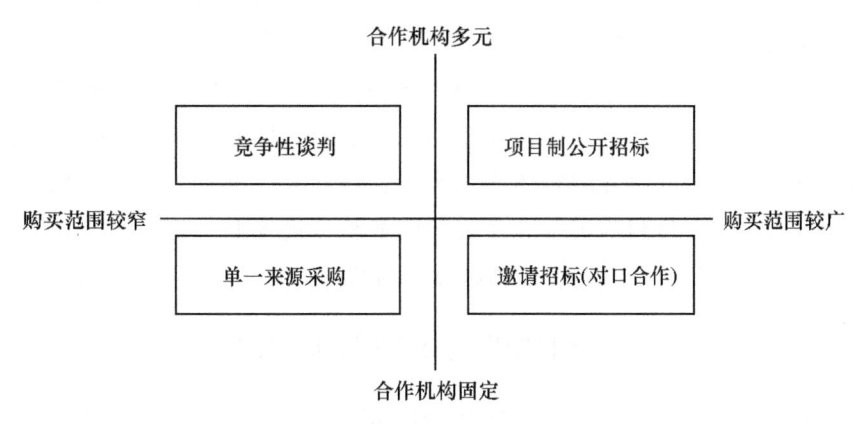

图4-1 项目制购买服务形式的类型学分析

资料来源：笔者自制。

第二节 项目制外包：美国国际开发署购买对外援助服务模式

美国国际开发署是美国实施对外援助的重要官方政府机构，曾在美国国务院的指导下开展工作，2006年进行改组后，美国国际开发署正式并入美国国务院。美国国际开发署主要负责美国政府大部分对外双边和多边发展援助项目，活动领域涉及经济增长和农业发展、人口、健康与营养、环境、民主与管理、教育和培训、人道主义援助等方面，并通过在世界各地提供经济、发展和人道主义援助来支持美国的对外政策目标（张霞，2011）。美国国际开发署在援助服务的具体落地上采取了多样化的形式，但总的来说其中又以政府向其他官方部门、社会组织、多边组织、市场组织等主体购买服务的项目制为主。此外，由于在具体的援助项目上涉及经济、教育、发展、气候、粮食、安全等多个领域，购买服务的范围较为广泛，并且相关合作机构也非常多元，涵盖各种类型，因此在购买服务的执行模式选择中，美国国际开发署绝大多数采取了基于公开招投标的项目制外包模式。

细察美国国际开发署购买服务所实行的项目制外包执行模式，可以发现其具有三大核心特点：一是虽然采取了多样化的购买服务形式，但在总体购买服务占比中仍以项目制为核心；二是在项目制购买服务模式的执行落地上，建立了一整套完整的、系统的、具备可操作性的流程机制；三是对外援助服务的客体纷繁复杂，涉及各个国家、各个组织，并且在寻求实施项目制购买服务模式的服务承接机构上，美国国际开发署拥有着多元化的合作机构，能够根据项目特征进行选择，具体如下。

一 以项目制为主的购买援助服务形式

从美国国际开发署官方公布的1949年至今的援助数据中，可以发现其援助服务的供给并不是单一形式的直接财政支出或转移，而是呈现出较为灵活、多样化的模式，具体包括项目制（Project Type）、行政性支出（Administrative Costs）、预算支持（Budget Support）、债务减免（Debt Relief）、技术援助（Technical Assistance）、核心贡献（Core Contributions）等几个方面。其中，项目制以具体针对某个国家、某个领域的援助项目为核心，根据被援助客体的发展程度及发展问题实际设计援助方案并通过实施项目完成援助服务的供给。行政性支出一般通过财政资金配置，由美国相关政府部门直接执行援助行为，预算支持与债务减免均通过直接性的货币转移提供经济援助。而在众多的援助形式中，又以采取项目制的购买服务形式占比最高，达65.8%；行政性支出次之，占比28.5%，并且行政性支出主要存在于对外援助服务供给的早期。近年来的援助服务已主要通过项目制来开展，具体各种援助形式占比如图4-2所示。由于对外援助服务的供给具有复杂性，在不同地区和不同国家具有不同的问题和解决方案，单一依靠政府部门的力量显然是无法解决的，需要凝聚世界各地人民和组织的创造力和创新想法，而项目制外包和公开招标在其中恰恰能够很好地发挥各方积极性和能动性，并且根据具体的国家和地区实际设计项目方案。由此可见，在对外援助服务供给形式多样化的美国国际开发署内部，项目制模式已然成为一种共识性选择。

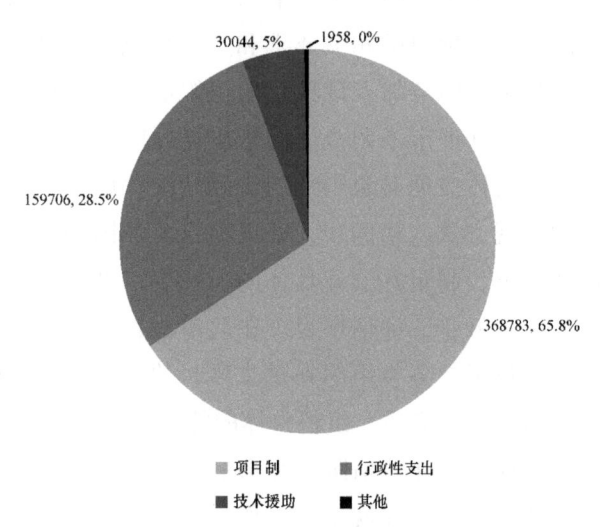

图 4-2　1949—2020 年美国国际开发署援助项目形式占比

资料来源：美国国际开发署官网数据。

二　项目制购买服务模式的流程机制

作为美国国内负责国际发展与援助的官方机构，美国国际开发署在国际发展与对外援助中占据重要地位，并且近年来在对外援助服务外包的探索中，形成了一套完整的体系，即"七步走"方略，具体分为项目设计、制定活动要求、市场调查、征集项目、评估项目、协商谈判、正式授权。在第一步项目设计、第二步制定活动要求、第三步市场调查中，政府部门占据主导，根据对外援助服务的需求制定规则。而在第四步征集项目、第五步评估项目、第六步协商谈判中，市场竞争因素将成为核心，遵循优胜劣汰的法则，并最终确定服务承接方、完成官方权力的授予，具体如下。

第一步，进行项目设计。在最开始，美国国际开发署会进行整体的针对具体国家发展与合作的战略设计（Country Development Cooperation

Strategy，CDCS），在 CDCS 中，国际开发署将根据具体的地区情况与国家实际，在经济、国际贸易、宗教信仰自由、气候环境等诸多领域制定相应的条目与远景规划，并且在 CDCS 的整体框架下，再设计具体的援助项目计划，以实现 CDCS 的目标。第二步，制定活动要求。美国国际开发署相关部门会公布项目的相关要求和基本信息，并且以结果为导向规定活动的预期目标，愿意加入该项目的组织需要根据项目要求制作相应的标书。第三步，开展市场调查。招标方美国国际开发署会进行全面的市场调查，了解具体援助对象当地的实际情况，以及对于具体国家和地区发展目标的实现方式。第四步，征集项目。美国国际开发署会发布针对项目的评估要求，制定并公开具体的投标要求和渠道，并说明具体如何向项目投标。第五步，评估项目。在此阶段，服务发包方美国国际开发署会评估参与投标的各类组织在过去项目执行中的表现，如所运用的运营方法、组织内人员素质、组织整体的能力以及相应的执行计划等。第六步，组织协商谈判。在评估阶段筛选后拟确定的几个组织会得到美国国际开发署的联系通知，并就项目合作的一些具体方式进行谈判讨论以达成共识。第七步，完成正式授权。在上述所有步骤完成后，美国国际开发署会向确定合作的组织授权，并对授权条款与条件进行确认，签署合同或协议，正式将部分公共权力与公共职责转让给承包机构。整体的流程机制如图 4-3 所示。

三 购买服务中的多元客体与多元合作机构

对外援助是一种非常规的公共服务形式。不同于一般公共服务（例如绩效评估、市政设施建设等）的供给对象、基本要求、实施内容较为固定，对外援助服务的客体、内容与目的均较为灵活，涉及不同的受援主体（公共服务的接收方），包括双边体系下不同地区的不同国家，也包括多边体系下不同的国际组织。而不同的受援主体，又有着不同的发展目标、实际情况与诉求，需要援助服务供给方有高度专业化的对口援助能力。可见，仅通过政府部门提供服务难以保证援助服务的专业性与供给效果，因此需要选择多样化、专业化的擅长不同领域的服务承包机构。在多年的实践过程中，美国国际开发署提供援助服务的外包合作主

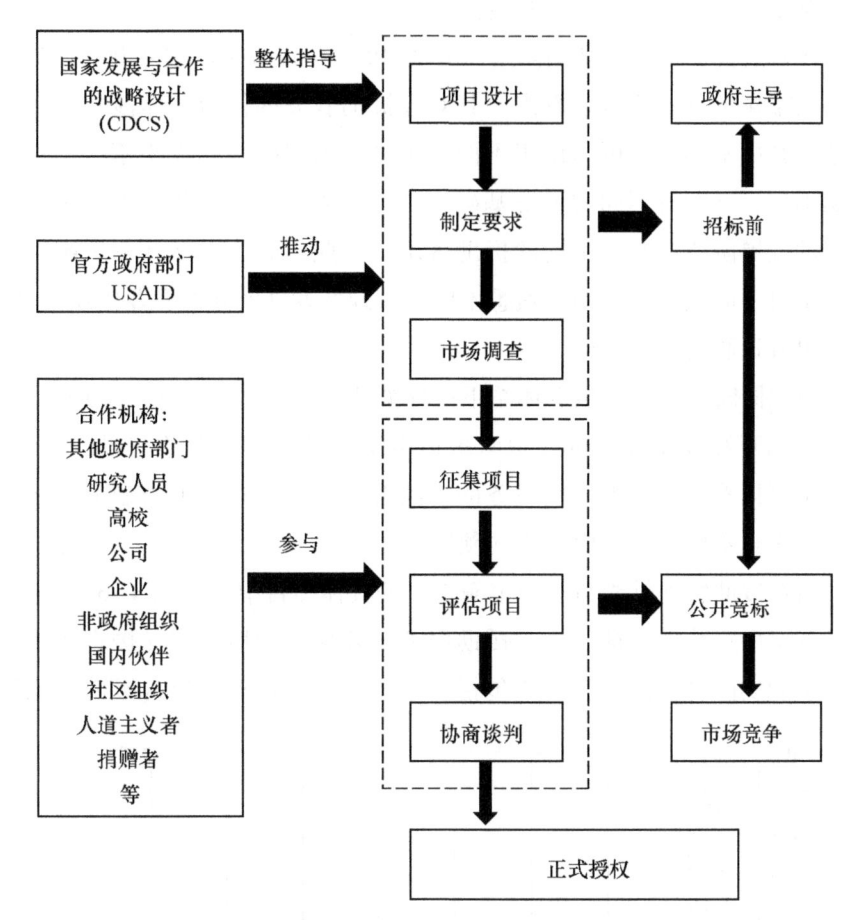

第四章 对外援助中的项目制外包：以美国国际开发署为例

图 4-3　美国国际开发署项目购买服务流程机制

资料来源：笔者自制。

体主要有基于信仰的社区组织、其他官方的政府与军事部门（国内的或者其他国家的）、市场经济组织（各类公司）、多边组织、社会组织、公私合作组织、网络社群、大学与研究机构等，这些合作机构为美国对外援助服务的供给提供了强有力的支撑。上述合作主体又可以分为三个类别：一是政府部门，包括美国国内的政府部门以及受援国或其他国家的政府官方部门；二是各类规模的社会组织，具体如约翰斯·霍普金斯大学、卡内基国际和平研究院莫斯科研究中心等；三是多边组织，如国际

58　国际发展中政府与社会组织的合作研究

货币基金组织、联合国儿童基金会等。

在双边援助方面，从图 4-4 展示的 1960 年以来美国国际开发署的援助支出金额及其对象可以看出，其对外援助服务的供给客体涉及了多个国家，其中不同的受援国位于不同的地区，国家的规模大小不一，投入金额不一，又有着不同的经济基础、社会环境和文化习俗，也大都处于不同的发展阶段，有着不同的援助诉求。因此，美国国际开发署唯有通过与来自不同地区国家的、熟悉不同国家地区发展实际的专业组织合作，才能更好地履行援助职能。

与此同时，在多边援助体系下同样如此，图 4-5 展示了 1960 年以来美国国际开发署在对外援助中向多边组织的具体投入对象与投入金额。从中也可以看出，对外援助服务的供给客体同样包括各种类型的多边组织，均来自不同地区、面向不同领域。

而在援助服务供给与援助金额支出的具体类目中（见图 4-6），也同样呈现了多样化的特征。由于援助服务需要根据受援国或受援多边组织的需求和实际情况制定，具体包括与债务有关的行动、粮食援助、能源

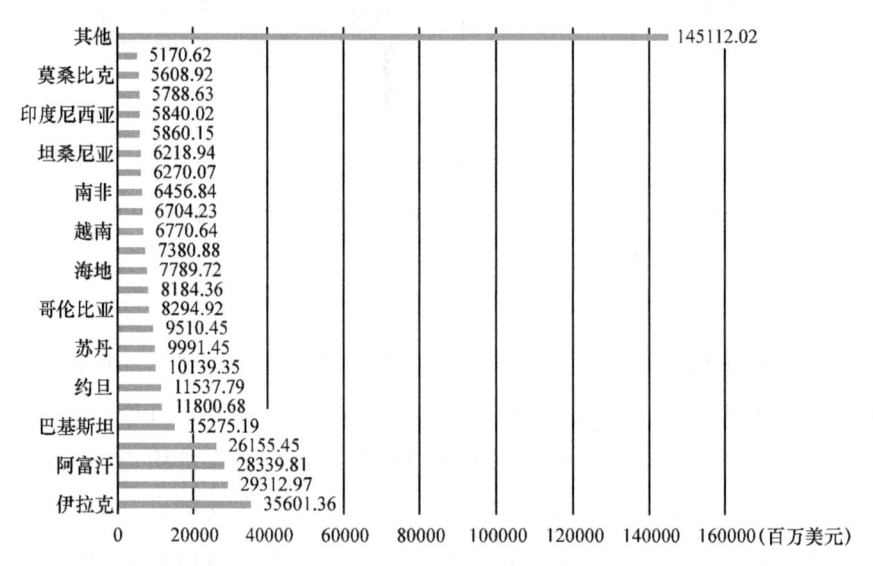

国家	金额
其他	145112.02
	5170.62
莫桑比克	5608.92
	5788.63
印度尼西亚	5840.02
	5860.15
坦桑尼亚	6218.94
	6270.07
南非	6456.84
	6704.23
越南	6770.64
	7380.88
海地	7789.72
	8184.36
哥伦比亚	8294.92
	9510.45
苏丹	9991.45
	10139.35
约旦	11537.79
	11800.68
巴基斯坦	15275.19
	26155.45
阿富汗	28339.81
	29312.97
伊拉克	35601.36

图 4-4　1960—2017 年美国国际开发署对外援助中国家投入金额

资料来源：OECD-DAC 数据库。

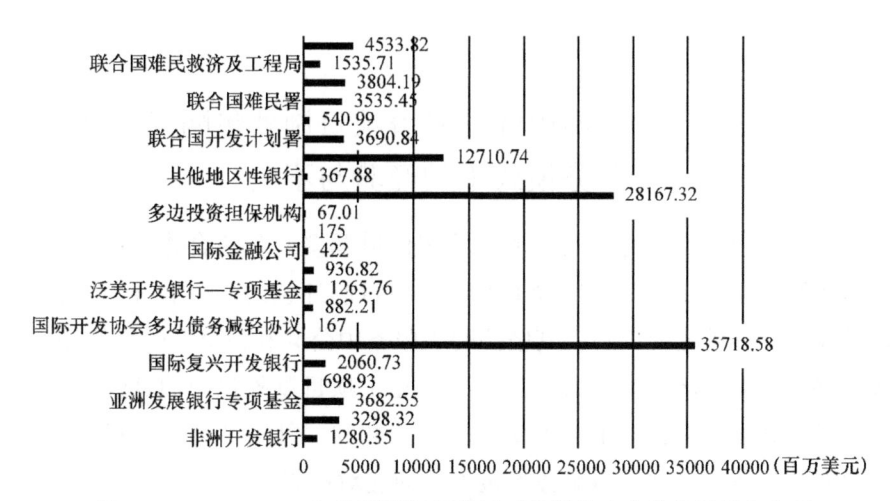

图 4-5　1960—2018 年美国国际开发署对外援助中多边组织投入金额

机构	金额（百万美元）
联合国难民救济及工程局	4533.82 / 1535.71
联合国难民署	3804.19 / 3535.45
联合国开发计划署	540.99 / 3690.84
其他地区性银行	12710.74 / 367.88
多边投资担保机构	67.01 / 175
国际金融公司	422 / 28167.32
泛美开发银行—专项基金	936.82 / 1265.76
国际开发协会多边债务减轻协议	882.21 / 167
国际复兴开发银行	35718.58 / 2060.73
亚洲发展银行专项基金	698.93 / 3682.55
非洲开发银行	3298.32 / 1280.35

资料来源：OECD-DAC 数据库。笔者自制。

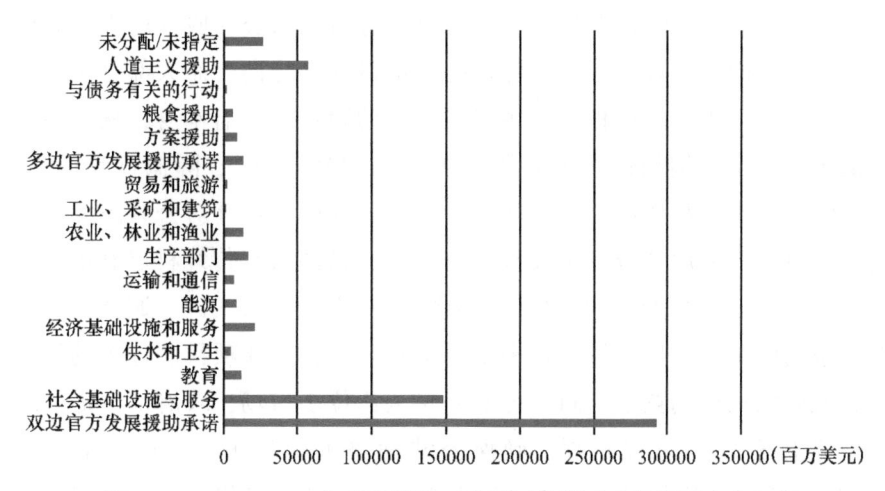

图 4-6　2008—2017 年美国国际开发署对外援助中按类型支出金额

（类别：未分配/未指定、人道主义援助、与债务有关的行动、粮食援助、方案援助、多边官方发展援助承诺、贸易和旅游、工业、采矿和建筑、农业、林业和渔业、生产部门、运输和通信、能源、经济基础设施和服务、供水和卫生、教育、社会基础设施与服务、双边官方发展援助承诺）

资料来源：OECD-DAC 数据库。笔者自制。

援助等诸方面。因此国际开发署的援助服务在各个领域内均会有所涉及，需要不同机构予以负责。

第三节 美国国际开发署项目制外包购买服务模式中的经验与不足

正是源于多样化的公共服务供给客体以及多元化的合作机构，美国国际开发署在多年的实践经验上形成了项目制外包的购买服务模式，蕴含了许多可供借鉴的经验，其坚持购买服务中公共利益至上的目的导向，从政府本位思维转向多元共生理念，构建了项目制外包中的良性循环体系。当然其同样存在不足，主要在于对公共利益外溢性和国家风险的控制能力较为薄弱、缺乏对服务外包失败的应对机制。

一 坚持了公共利益至上的目的导向

各国推行政府购买服务改革，实现政府角色从公共服务的生产者转向公共服务的购买者，都有着各自的政策目标和导向。而大部分国家在推进政府购买服务的过程中，多将政策目的限定于政府本身，从政府本位的视角出发，例如追求公共服务供给的"经济性"，降低行政成本，力求以低成本、高效益的方式向社会提供公共服务；针对公共服务效能的评估也经常采用"成本—效益"分析法，试图摒弃传统科层制体系下的"官僚病"，却忽视了公共利益在经济效益之下的式微。诚然，项目制外包的购买服务模式虽然带来了效率与效益，但在项目制外包的过程中，既要依赖市场竞争，同样也不能完全让位于市场，政府部门需要在其中进行有效的过程管理，确保公共利益不受损害，正如登哈特等（2014）所说，公共服务是"政治思维"而非"经济思维"的产物。而在美国国际开发署的项目制购买服务流程中，在项目制开展的前期，充分发挥了政府的主导作用，将项目设计、制定活动要求、市场调查的环节置于政府控制之下，整体确保了援助服务不走偏，不损害到公共利益的实现。与此同时，美国国际开发署同样重视外包援助项目评估，这一工作由国际开发署学习、评价和研究办公室（PPL/LER, USAID Office of Learning, Evaluation and Research）负责，并通过绩效监测、绩效评估、财务审计等手段确保承包援助服务的机构较好地履行职责（王新影，2014），这一系列措施有效确保了政府购买服务的最终目的仍是公共利益的最大化。

二　从政府本位向多元共生的理念转变

尽管降低行政成本、提升服务效能一直以来是政府提供公共服务道路上的核心追求，但是这一目的导向不能仅仅将视角限定于政府本身，也不能仅限于公共服务的供给方。在整个社会体系中，政府面向的群体并不仅仅是公民与各种公共服务的固定对象（例如对外援助中的受援国），同样还有各式各样、相互合作的社会组织和团体。在政府购买服务的过程中，这些社会组织和团体往往充当着服务承包方的角色。在美国国际开发署购买服务的实践中，各式各样的社会组织、社会团体、高校等承包了美国国际开发署的援助服务，作为公共服务的直接供给方，与美国国际开发署形成了一种共生关系。

反观学界的研究，以往研究政府购买服务的学者大多仅从服务供给方的视角（即利于政府的角度）出发，或是从对社会组织的约束与控制视角理解（尹广文，2016），但购买服务不仅涉及发包方，还涉及公共服务的承接方，项目制在对外援助中的具体实践既是对政府服务供给效率的提高和成本的缩减，同样也培育了服务承接方（例如其中占比很大的 NGO、企业、科研机构）的能力，是一种共生的治理形态。项目制不仅有利于政府提供公共服务职能的履行，同样有助于社会团体的发展壮大。从更深层次而言，政府和社会组织本就是不可分割、相互依存的两个主体。在购买服务的过程中，政府通过高效率和高质量配置公共资本，社会组织承接公共资本提供服务，锻炼自身能力，二者之间是一种良性循环。而事实上，政府部门往往仅将承接公共服务的社会组织作为实现基层治理的工具，对其采取吸纳与管控的策略，这极易导致没有发展的增长，形成购买服务中的"内卷化"（陈尧、马梦妤，2019）。这一情况在中国的实践中尤其突出，虽然当前中国政府购买服务作为政府职能转变的主要方式之一，并且为公共服务的供给提供了效率与效能，基本得到社会与公众的认可，但正如政府购买社会组织服务是由政府主导推动一样，在购买服务中，哪些政府职能转移给社会组织完全由政府来决定，政府与社会组织之间缺乏互动性；在购买服务中也更多考虑政府本身职能的实现，没有更多将注意力放置于社会组织的发育（李华俊、赵立新和余湛，2020）。而在美国国际开发署的援助服务供给实践中，相较于采用直接援助，其更多采用了间接援助的形式，即通过项目制的形式，良性帮助受援国实现发展，有效促进了服务发包方政府部门即美国国际开发署、服务承包方即各类社会组织与社会团体、服务享受方即受援国和多边组织的多元共生。

三　构建了项目制外包中的良性循环体系

正如前文所言，政府购买服务的目的不能限于公共服务供给本身，更不能仅仅将视角限定于政府部门内部。一方面政府购买服务的开展提升了政府能力，从传统的政府仅仅需要承担直接向社会供给公共服务的职责转向了政府通过一系列形式间接向社会供给公共服务，并承担起招投标管理、维持委托—代理关系、完成授权、过程管理、绩效评估等一系列新职责。另一方面，政府购买服务也为庞大的社会组织、社会组织提供了公共资源（主要是资金与公权力）的支持，使各类社会组织成为公共服务的承包方，为其发展和壮大提供了广阔空间，对社会自组织能力的提升产生了强大的推动力。在项目制外包的模式中，公共服务的发包方美国国际开发署与公共服务的承包方建立了委托代理关系，发包方为承包方提供相应的执行资源，并向承包方授予官方权利，承包方代理行使发包方的官方合法权利，推动援助服务的落地，增进公共利益。在发包方与承包方的关系中，发包方依法规与合同对承包方进行指导和管理，而承包方对发包方负责。对于承包方与公共服务的接收方来说，承包方为接收方直接提供相应的公共服务，而接收方向其反馈具体的需求。基于此，作为发包方的政府部门也能够向服务接收方间接履行职能，三者在项目制的外包体系下形成了良性循环，并能够持续发展，既增加了援助国政府的政府能力，又增强了各类社会组织的组织能力，同样实现了对外援助的目标，提升了受援国的国家能力，真正实现了三者共赢，增进了公共福祉，其关系如图4-7所示。

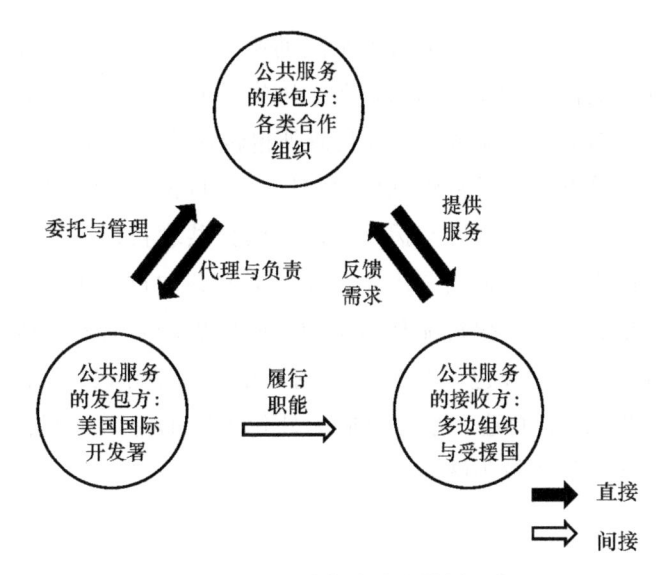

第四章　对外援助中的项目制外包：以美国国际开发署为例　63

图 4-7　项目制外包中的良性循环体系

资料来源：笔者自制。

四　缺乏服务外包失败的应对机制

21世纪以来，全球许多国家（如英国、新西兰、加拿大等）都出现了逆民营化即政府回购公共服务的趋势，例如2001年12月，私有化后12年的新西兰航空公司被重新收为国有。政府回购公共服务（逆民营化）作为购买公共服务（民营化）发展到后期的新现象，与购买服务一起形成了民营化的完整图景。诚然，政府在购买服务的同时，将公共服务直接生产者的角色转移给了各类社会组织，而伴随着这一角色转移，公共利益的绝对主导权也发生了转变。无论政府购买服务有着怎样的优点，我们都无法否认的是，其也极易可能形成失败的结局。近年来，对成本节省的错觉、改进服务质量的神话、过分推崇市场竞争和合同制的精细化管理，均使政府购买服务失败被人们忽视。实际上，公共服务市场化之后，大量私人资本进入公共产品与服务领域，其天然的逐利性和贪婪性必然会暴露无遗。提高服务价格、选择性服务，甚至要挟政府、俘获政府等问题都将难以避免，为购买服务可能失败埋下隐患（杨安华，2018）。

尤其在对外援助中，其不仅关乎援助服务本身的供给，在开展的同时也同援助国的国家理念、国家形象、国家的对外战略紧密相关。美国国际开发署将对外援助服务通过项目制外包转移给各类社会组织的同时，也显著提升了公共利益外溢性和国家风险。一旦援助项目最终导致各类失败的结果，都将对受援国与援助国之间的公共利益以及援助国自身国家整体形象产生极大的冲击。因此，在购买服务的过程中，政府部门不仅需要有一整套系统的执行流程与机制，同样也需要有着回购公共服务的能力，有着"收回外包""撤包""内部化"的主导权，以面对可能发生的"外包失败"。而这一系列对服务外包失败的应对机制，在美国国际开发署内部显然还较为缺乏。

结论与展望

经过多年的实践摸索与理论研究，政府购买服务虽然在全球早已发展出了一系列模式、产生了一系列实践经验，但其在中国与广大发展中国家的历程却还较短。在政府购买服务的各种形式中，项目制作为其中的主要模式，引入了市场竞争，且执行灵活、效果突出，但需要一整套流程机制和制度规范为支撑。而当前，纵观各国政府在项目制购买服务多年的实践，美国国际开发署的做法较为突出，探索出了一条有益道路，其在对外援助服务的供给中涉及经济发展、教育水平提升、气候环境治理、卫生健康援助等多个领域，亦有着社会组织、政府部门、多边组织等多样化的合作机构，结合多元化服务供给领域以及多样化的合作机构，形成了一套基于公开招标的项目制外包购买服务的模式。并且，这一项目制外包执行模式坚持了政府购买服务的目的导向，揭示了政府与社会多元共生的理念，形成了体系内部的良性循环，取得了显著成效，但同时尚且缺乏服务外包失败的应对机制。总的来说，美国国际开发署所探索出的购买服务模式为中国政府推进购买服务提供了新思路和新经验，也为全球的政府购买服务实践探索与理论研究注入了新的活力。

第五章　对外援助中的合同式治理：
以美国国际开发署为例*

联合国千年发展目标设定以来，国际社会的发展合作取得了较大进展，但是如何更好地实现国家发展中的合作、提高援助的有效性始终是学界和政策界共同关心的经典主题。虽然目前以西方援助国为主的经济合作与发展组织发展援助委员会成员国依然维持在国际发展合作领域的主导地位，但援助主体和资源来源多元化的趋势越发明显。

当前，美国仍然是全球最大的援助国，[1] 对于以中国为首的新兴援助国来说，美国的成功或者失败的援助合作经验值得借鉴。美国的援助开始于第一次世界大战期间，主要通过为部分欧洲国家提供粮食供给进行援助并借机开展"金元外交"。"马歇尔计划"提出后，美国开始了大规模的对外援助活动。在经过多年的调整后，美国已形成一套具有自身特色的援助管理体系，它由"国内政策框架、制度安排和发展合作实施工具（如资金、信息和知识平台）"[2] 组成。在这一体系中，美国国际开发署是美国对外援助的执行机构。国家开发署是美国援助管理体系中最重要的部分，负责管理绝大部分的援助项目和资金流动，与国务院、国防部、农业部和千年挑战集团等众多部门和援助机构进行合作，接受美国国务院的领导，署长需要直接向国务卿汇报工作。在过去十几年间，

---

* 本部分基于笔者发表在《复旦公共行政评论》的文章，具体参见赵剑治、方恬《对外援助中的合同式治理——美国国际开发署与私人志愿组织关系演变及其援助效果研究》，《复旦公共行政评论》2021年第2期。

[1] 根据OECD的数据，2018年美国的发展援助资金共343亿美元，其次是德国、英国、日本和法国，金额分别为250亿美元、194亿美元、142亿美元和122亿美元。

[2] UNDP和美国商务部国际贸易经济合作研究院2016年定义。

除了其中三年（2005年、2008年和2011年）国防部是最大的对外援助执行机构外，其余时间美国国际开发署均为美国对外援助最大的承担者。2016年美国对外援助总额为450亿美元，国际开发署承担额为190亿美元，占比42%（安姗姗、蓝煜昕，2019）。

美国国际开发署认为应对全球挑战需要可持续地团结各方的共同努力，因而致力于与各类组织合作。在美国的对外援助中，社会组织发挥着举足轻重的作用。国际开发署将社会组织分为四类（合作组织、基金会、地方和区域性组织、美国和国际组织）以及私人志愿组织。其中私人志愿组织是社会组织的子集，"是一种利用它们的专门技能以及私人资助，致力于解决国外发展挑战，拥有免税地位的非营利组织"（吴佩译，2017）。国际开发署与私人志愿组织开展合作主要通过合同（contracts）、拨款（grants）和合作协议（cooperative agreements）进行，政府为私人志愿组织提供了项目执行的资源要素，私人志愿组织需要满足国际开发署设定的授予赠款、合作协议或合同必需的任何条件，其中可能包括完成财务审计。

援助国国内的治理结构影响着对外援助的效果和策略选择，从美国对外援助的经验中可以看出，政府实现了由权威治理转向合同式治理的转变，在政府与私人志愿组织的合作中，美国国际开发署越来越涉及大量合同交易，以结果为导向的合同导致政府逐渐下放更多行动权，但政府在获取结果层面仍保持控制权。合同管理的过程不只是一个技术过程，还是一种政治过程，二者的关系在过程中重新被塑造和形成，进而影响援助结果。本章以美国国际开发署和注册的私人志愿组织为例，从二者的合同关系着手，通过对美国国际开发署和私人志愿组织的关系进行梳理和整合，分析在与政府的交往中私人志愿组织的角色价值和功能定位演变，以及私人志愿组织与国际开发署的互动以何种方式影响对外援助的效果和策略选择。对这些问题的探索有助于完整地呈现对外援助中政府与社会组织合作的模式，更深入地理解美国发展援助的行为逻辑。

第一节　背景与相关文献介绍

公共管理学者根据政府将社会资本引入公共部门的实践经验，总结出政府和社会组织通过合同承包、特许经营、补贴、出售等直接或间接的方式，建立公私部门的伙伴关系，实现公共服务供给的优化配置，政府财政资金支持的合同外包是其中的主要方式。在既有讨论发展援助的文献中，对援助中合同关系的理解主要从三个层次展开：首先，合同是社会组织与政府签订的一种契约，援助合同的研究在第一个层次上回到发展援助的政府与社会组织关系的语境中，分析二者在发展援助中分别扮演着怎样的角色以及如何互相影响；其次，与公共管理实践类似，援助的合同外包是一种公共财政支持占主导地位的资源关系，那么这意味着第二个层次的讨论应当关注到官方的资助对于社会组织的作用，尤其是对社会组织援助效果和策略选择的影响；最后，一些研究聚焦于援助合同本身，具体讨论援助合同为何产生、合同管理的有限性及出路。

一　政府与社会组织的援助互动

事实上，世界对发展援助的认识经历了阶段性的变化。发展援助理论从填补发展中国家的发展资源缺口、减贫到促进受援国调整经济结构和经济政策（邹加怡，1993），再到注重安全、注重"民主建设"和"良好治理"的转变代表援助大环境的演变趋向，它带来了政府与社会组织关系在不同背景下话语表达和实践的差异表现。传统认为政府是发展援助的主要角色，但20世纪70年代后西方国家面临着政府规模与财政支出不断增长的双重压力，公共事务管理者担心政府难以有效地提供公共服务，想要"削减国家体系所承载的过重需要、期望和责任，或者提高国家的驾驭能力和绩效能力"（克劳斯·奥菲，2006），受援国对援助国直接的官方援助目的和有效性开始产生一些质疑，一些援助国利用援助来促进对受援国的贸易出口（Berthélemy，2006），也有国家通过提供官方发展援助来"购买"在国际舞台上的政治支持（Kilby，2011），在受援国治理不足时，政府对政府的官方援助并不起作用（崔巍，2016）。因此，世界银行明确呼吁让社会组织参与，使援助在扭曲和腐败现象普遍存在的环境中更加有效。参与发展援助的社会组织被认为具有独特的比较优势和能力，因而成为"发展选择"的供给者，提供以人为中心和基层驱动的发展方式（Korten，1987），所以政府与社会组织逐渐建立伙伴关系，成为发展援助的新的参与者，融入发展援助的主流体系。国内外都有学者对社会组织参与国际发展援助的历史进行了总结和不同向度的描述，记录组织发展和行动方式的过程。

较多研究者从"委托—代理"（Principal-agent）角度解释政府与社会组织关系（Barnett，2005；Cooley & Ron，2002；Mingst，2008），认为政府作为负责人向作为代理人的社会组织临时移交权力，以便提供包括救济和发展援助在内的公共服务。但是，社会组织援助效果并不如支持者所预料的那般理想，越来越多的声音怀疑社会组织是否表现得更好，探讨它们在援助中的合法性、问责制和身份认同问题（Burger & Seabe，2013；Edwards & Hulme，1996）。社会组织不一定是代理人，也有可能是受援国和援助国依托合同存在的"买办"（Compradors）（Hanlon，1991），这一描述具有负面色彩，它代表着社会组织存在着违背本土人民利益的倾向。社会组织尽管可以在国际发展合作中发挥补充作用，但它的自主性并没有人们普遍认为的那么强（Werker，Ahmed，& Cohen，2009）。学者们借助实证研究来检验社会组织的援助与政府援助之间的相关性，尽管对欧洲整体研究表明社会组织的援助分配独立于欧盟官方援助，但有学者报告荷兰社会组织援助和官方援助在受援国之间具有相当强的正相关关系，社会组织在实际中的独立性并不强（Koch，2007），国家与国家之间存在差异。

另外，政府与社会组织关系还受到外部因素的影响。通过社会组织提供援助会造成一个困境，由于社会组织与政府间也并不是纯粹意义上的和谐关系，当非政府的力量不断增强，它们获得大量发展资金，捐助者（Donors）越来越多地资助社会组织而不是政府，这不可避免地导致了社会组织和国家之间在争取外部资金和代表人民行事的合法性方面存在一定程度的竞争（Mayhew，2005）。政府与社会组织开展国际发展合作经验表明，对政府和社会组织在援助中的角色认知，学界尚未达成共识，但毋庸置疑的是当下国际发展援助体系当中，政府和社会组织都是重要的参与主体，二者的互动影响着援助最终结果。社会组织在对外援助中的表现取决于它们所拥有的资源条件，其中政府的资金流入是社会组织与政府互动当中的重要一环，无论是作为政府的承包商还是伙伴，政府的资助都影响着社会组织的行为方式，这与第二个层次的主题相联系。

二 官方资助与社会组织的援助效力

在讨论社会组织和政府的关系时，一些文献已经涉及二者间的资金流向话题。社会组织是国际发展领域的关键角色，如何为它们提供资金以及资金来源如何选择，对于提高它们为全球福利和全球公益作出贡献的能力来说，重要性不言而喻。毫无疑问，社会组织需要资金流入以启动项目执行和功能运作，其中官方的资助尤为重要。例如，关于美国政府资助在社会组织资金来源中的地位和作用的研究认为政府给予的资助在很多领域处于主导地位（周批改、周亚平，2004）。

在这些研究中，官方财政支持的利弊一直是学者争论的话题。一方面，在低水平上，政府对社会组织支持是吸引私人慈善事业的磁石，因为它们向捐赠者表明该组织是有效率和功勋的（Steinberg，1985）。然而另一方面，高度的财政支持可能会使这些社会组织看起来过于依赖政府，社会组织对外部资金（尤其是来自官方负责人的资金）的财务依赖，致使对未来资金有需求的相关组织与当地的慈善目标之间形成隔阂（Fruttero & Gauri，2005）。社会组织倾向于规避风险，这削弱了它们在最需要它们的地方开展业务的动力。

财政依赖如何影响社会组织援助分配也引起了学界的好奇。研究发现社会组织一旦考虑到确保自身资金的激励因素，可能更愿意仿效官方发展援助的分配，而不是试图帮助穷人和在困难环境中工作，社会组织的贫困倾向减弱，来自瑞士社会组织的实证分析证实了这点（Dreher，et al.，2012）。但也有研究提出了相反的观点，反驳者强调社会组织比官方更多地提供基于需要的援助，政府资助并不一定总是带来社会组织的低效。一些学者更进一步提出在未来由官方捐助者提供资金的情况下，依赖财政的社会组织需要战略性地分配援助，例如，将援助对象定在较容易取得成功的较贫穷国家（Koch，2007）。换言之，社会组织可能会试图通过展示明显的成果来增加继续进行官方再融资的机会，这些成果往往更容易通过解决不那么根深蒂固的贫困形式的项目来实现。

另外，对社会组织来说，如何平衡官方财政支持与自主权间的张力是提高发展援助效果目标下不可回避的问题。官方的资助在某种程度上来说是社会组织的庇护伞，但过度的财政依赖不利于社会组织的良性发展，严重依赖政府融资的社会组织更可能紧跟政府政策（McCleary & Barro，2008）。美国政府与社会组织的合作模式中社会组织迫于资金的压力，会有意识或无意识地充当国家的工具和代理人，为实现和贯彻美国的外交战略目标而服务（张霞，2011）。这种现象被指责为缺乏离开舒适区的勇气和远见的表现（Fowler，2013）。社会组织的活动依然受限，它们无法参与寻求大规模再分配和财富与特权重新排序的变革性议程（Banks, Hulme, & Edwards, 2015）。不过，在美国的研究中发现社会组织吸纳官方资金的同时渗透进对外援助决策中，能够对政策过程发挥影响力，尽管研究者也承认这种影响力有限（桑颖，2018），但这种变化值得关注。

三　援助合同与社会组织的管理

援助中的合同是政府与社会组织在进行援助协作中的途径之一。在实践中，政府与社会组织的相互信任，两者关系得到发展后，社会组织松散的工作安排将转移到与政府签订更加正式的合同，合同关系在这里似乎蕴含着政府与社会组织间关系的一种浓度状态，合同数量的增长意味着承包者（Contractors）队伍的扩容。政府通过贡献全部或部分资金来支撑合同，并且合同关系在实际的运作下渐趋正规化，通过合同管理监测社会组织的绩效是政府的工作之一。

对发展援助中的合同认识存在三种派别。

第一种派别偏向讨论合同的益处，主张建立合同关系是市场化的表现，市场化被视为遏制浪费、提高专业水平和加强项目执行的一种方式（Charlton，1995），让怀疑者相信对外援助资金的使用是负责和有效的，从而在援助国国内产生支持。在第二部分的讨论中提到，一些学者担心官方资金的市场化有损社会组织在对外援助中的效率，然而对美国发展援助的研究中发现，虽然美国社会组织的官方资助与更高的行政和管理费用有关，但是由于官方资助的社会组织似乎不太关心通过筹款活动募集私人捐款，因此，私人筹款的低成本弥补了由行政和管理费用高昂带来的效率损失（Nunnenkamp & Öhler，2012）。还有，合同成为社会组织可以利用的一种追求自身利益和提高自主权的战略，社会组织将接受委托人的合同来执行一个具体的项目，并试图在签订合同后停止或改变项目的条件，导致社会组织内部就社会组织的主要政策进行辩论，从而使该社会组织与官方负责人就假设进行讨论（Ahmed & Potter，2006）。

第二种派别侧重分析社会组织合同管理中的困难。除了合同融资的官僚程序会增加行政和管理费用外，还存在以下问题。一是短期合同可能会带来严重的代理问题。社会组织会隐瞒对其利益有害的信息，并且大多数项目是在初步评估之后更新的，这使得社会组织缺乏动力去报告失败或不适当的项目变化，因为如果它们诚实上报问题，可能会损害未来的合同续签机会，威胁组织的生存（Spruyt，1996）；二是约束合同的竞争性投标的难度较大，合作效率降低。为了获得持续的资金流入来支撑组织的活动，代理人非常自然地将道德、项目效能或自我反思等关注点边缘化处理，只关心如何延长、续签或赢得新的合同机会（Cooley & Ron，2002）。越来越多的竞争性投标和合同被使用时，社会组织出于节约成本而发起的合作的可能性下降，合同关系下必然存在着多主体的自利行为，这种行为会降低集体效率，组织间的不和谐是物质刺激下的可预测结果——由此产生一个拥挤和高度竞争的援助市场。所以在"合同热"（Contract Fever）背景下，数量更多并不总是更好，投标并不总是促进效率，竞争也不只是减少浪费。

第三种派别的研究涉及如何突破援助领域合同管理的困境。总体而言，这些研究通常采用一种谨慎的观点来认识合同关系，即面对无法处理的竞争危机，建议拒绝合同来抵御竞争压力，通过延长合同期限和鼓励公开讨论问题，公开面对滥用援助和政治干预的问题，改变无效的项目策略，而不用担心它们的财政生存（Cooley & Ron，2002）。研究非洲援助的学者特别指出还需要考虑到由于长久的殖民阴霾笼罩的非洲国家缺乏运作良好的司法机构和民主制度,这使社会组织通过立法和合同执行等传统机制对问责的辅助会减少,合同管理的难度加大(Burger & Seabe,2013)。

综观国内外研究现状,可以发现国外在发展援助方面的研究较国内更为丰富翔实,涉及的问题和研究方法更加细致和复杂,国内尚处于发展阶段。随着社会组织的扩张,它开始越来越多地得到不同来源的资金捐助,学界对这些资助对社会组织行为的影响表示关切。既有的研究依托数据支撑,展开了对二者关系的分析。但是,当下的研究还有待深入和完善,在关注到官方资助对社会组织自主性等方面的不利作用的基础上,还可以更进一步研究社会组织如何回应政府、社会组织反作用于政府的资金控制的机制。发展援助中的合同管理作为公共管理的分支,遗憾的是研究更多的是侧重于合同伙伴的援助行为进行了描述性论证,或只是在讨论政府与社会组织关系中简单提及社会组织作为合同承包商的角色定位,缺乏系统地认识合同关系的产生与演变、社会组织如何在合同关系中与政府互动和政府之于合同关系的看法与管理策略,从合同关系细节窥发展援助之大观的研究缺口有待填补。因而,本书以1961年《对外援助法》和2001年"9·11恐怖袭击事件"为界,将美国对外援助政府与私人志愿组织在合同外包中的合作模式分为三个阶段分别深入梳理分析,利用公开的援助数据,对美国对外援助合同关系做一个持续、完整的叙述和比较,从而给予中国的发展合作一些启示。

第二节 从零碎到正式:1961—1973年

美国的对外援助起步较早,第一次世界大战期间美国已经开始利用社会组织向盟国提供人道主义救济。肯尼迪就任总统后,开始改革杜鲁门和艾森豪威尔时期的援助政策,由重军事援助转向经济援助,并在1961年通过《对外援助法》,确定大幅提高发展援助的份额。这一法案的颁布和国际开发署的成立标志着美国开始了大规模的对外援助,私人志愿组织这一名词正式出现在美国的援助舞台上，政府资助私人志愿组织的框架结构开始逐步构建起来。

一 机构设置：国际开发署成立

在1961年《对外援助法》正式颁布之前，美国的对外援助机构数量众多，功能混乱，许多机构基于某些特定目的被设立，但各自的定位和发展相互牵制、交错复杂，非常影响美国在对外援助中的效率。第一次大界大战时，美国成立粮食署，为协约国提供粮食，这一机构在第一次大界大战结束后被保留下来。接着，"马歇尔计划"和"第四点计划"的先后提出，推动了经济合作署、技术合作署、共同安全署的出现，1951年技术合作署和共同安全署被合并为对外行动署，但它很快在1955年被国际合作署取代，而国际开发署的成立，整合了之前分散在不同机构的对外援助职能。1961年《对外援助法》规定总统指导和国务卿监督对外援助计划。国际开发署署长由总统任命，级别相当于副国务卿，开发署长拥有监督和协调美国整体对外援助计划的权力（崔巍，2016）。简言之，美国对外援助的组织基础从零散走向正式。这也是美国国际开发署在对外援助体系中拥有主导话语权时期，使得国家开发署在项目的设计、制定和执行评估等阶段都能够最大化地施加影响力，利于美国对外援助政策和目标得到有力的贯彻。

二 法律身份：私人志愿组织发展

在美国国际开发署成立前，以私人志愿组织为代表的各类社会组织早已参与到对外援助的活动中。1961年援助法认可政府通过社会组织合作进行对外援助，它规定美国应该最大限度与包含民间志愿机构在内的私人部门合作。① 尼克松执政后，1973年政府颁布新方向对外援助政策，要求美国国际开发署加强私人志愿组织的合作来帮助发展中国家解决贫困问题，② 至此，以私人志愿组织为代表的社会组织正式获得美国对外

---

① Act for International Development of 1961 (Pub. L. 87—195), https：//www.gpo.gov/fdsys/pkg/STATUTE-75/pdf/STATUTE-75-Pg424-2.pdf.

② United States General Accounting Office, "Channeling Foreign Aid through Private and Voluntary Organizations", http：//www.gao.gov/assets/120/115845.pdf.

援助主体的法律资格。从美国对外援助中私人志愿组织的数量增长情况看（如图5-1），1961年在美国国际开发署注册的私人志愿组织有60个，1973年增长到95个，增长率超过50%。由数字的变化可以看到私人志愿组织在这一阶段经历了较为快速的成长。私人志愿组织在参与援助项目中积累经验，提高组织的项目执行能力，由于美国国际开发署提供了大量资金，私人志愿组织逐渐由传统的救济功能转向发展项目，同时使私人志愿组织在与政府的关系上更加成熟（McCleary, 2009）。同时，这一阶段私人志愿组织的特点也发生了一些更迭，传统的私人志愿组织倾向于大型化和宗教信仰化项目，但新兴的私人志愿组织更偏向小型化和专业化项目，比如社区健康项目、教育项目，这种变化与美国对外援助政策的调整密不可分。

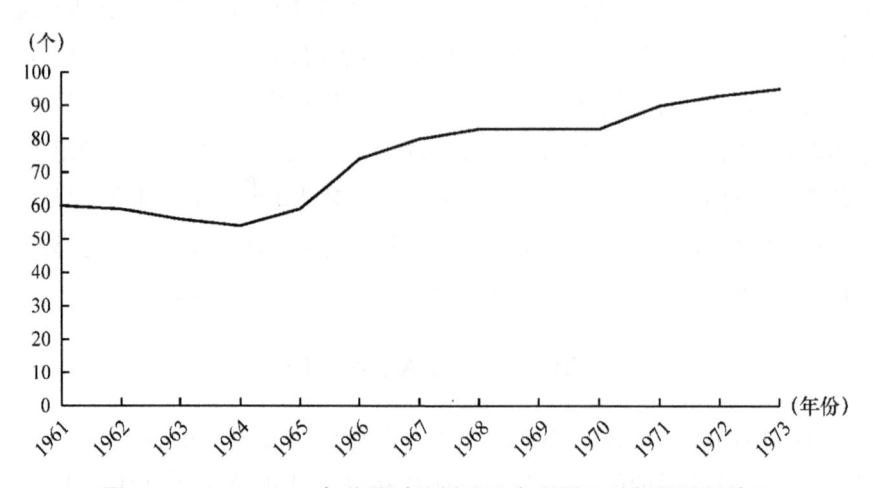

图 5-1　1961—1973年美国对外援助私人志愿组织数量增长情况

资料来源：根据 McCleary Private Voluntary Organizations 数据库绘制。

三　合同方式：官方资助制度确立

在这阶段中，官方的合同数据记录缺失较多，因此研究多根据既有的文字材料来了解美国国际开发署成立初期的合作状况。1961年的援助法提出"经济支持基金"计划，以合同的方式向私人资本在第三国家投资提供保险、担保及贷款等金融服务，目的是吸引私人部门进入援助欠发达国家。这也是美国海外私人投资公司（Overseas Private Investment Corporation，OPIC）的前身，而 OPIC 的成立，也让以合同为主的海外投资保险、贷款和担保业务从国际开发署的业务中独立出来，为国际开发署资助私人志愿组织提供了多元化的选择（崔巍，2016）。在 1973 年尼克松倡导的新方向援助政策之前，合同是国际开发署最常用的筹资机制，尤其是在采购商品和服务方面，供私人志愿组织加入指定的美国国际开发署活动。美国国际开发署通过采购办公室（Procurement Office）对签订合同的机构进行了严格监管，并保留了对商品分销的监督权。但是在这时期，受政府青睐的承包商主要是合作社、大学和金融机构（McCleary，2009），比起小规模的专业新兴私人志愿组织，这些机构的知识和技能更为丰富和娴熟，符合技术援助和社区发展的要求。在 1964 年，只有 13 个私人志愿组织与政府签订了 30 份合同，而当年美国国际开发署共签订了 1165 份合同。这是因为具有援助职业知识的组织占少数，而更多、更活跃、更大型的组织仍属于宗教性质组织，它们更擅长人道主义援助，国际开发署的官员质疑这些组织执行项目的专业能力。在私人志愿组织看来，政府签订合同时看重组织资源条件，需要人员和时间来满足美国国际开发署在责任方面的规定，而新生的私人志愿组织缺乏一定的基础。

在国际开发署成立后，主管美国对外援助的项目执行。由于美国的对外政策目标和领导者的理念变化，美国援助管理体系呈现出三个新特征：第一，国际开发署获得了在援助项目管理上的主导性权力，援助管理机构从松散走向整合，权力更加集中；第二，私人志愿组织逐渐成为国际开发署在援助项目执行上的伙伴，但并非政府最青睐的伙伴；第三，以美国国际开发署为主的官方资助制度确立，政府资助合作伙伴时，合同是优先选择，合同确定了双方的权利和义务，在执行目标上具有明确性。尽管私人志愿组织得到了发展，但从组织性质和涉及领域上看，私人志愿组织仍然从事传统人道主义援助，这与本阶段扩大经济援助的政策目标相悖，表明私人志愿组织的发展并不是一帆风顺的，主要是因为新的私人志愿组织受限于规模小、资历浅等自身条件，难以挤出其他专业性更强的竞争对手。所以即使合同被国际开发署较多用来加深合作伙伴的关系，私人志愿组织却缺乏足够的能力在竞争中脱颖而出，获得合同机会。

第三节 螺旋式波动：1974—2001 年

根据新方向立法的主张，国际开发署等官方对外援助机构应更加广泛地利用私人志愿组织来解决发展中国家的问题。在这之后的美国领导人对于私人志愿组织在对外援助中与政府合作基本持欢迎态度，因此受到官方鼓励的私人志愿组织在既有基础上不断增长（如图5-2），从1974年至2001年，私人志愿组织的变化在数量上表现为从95个爆发式增长至508个。

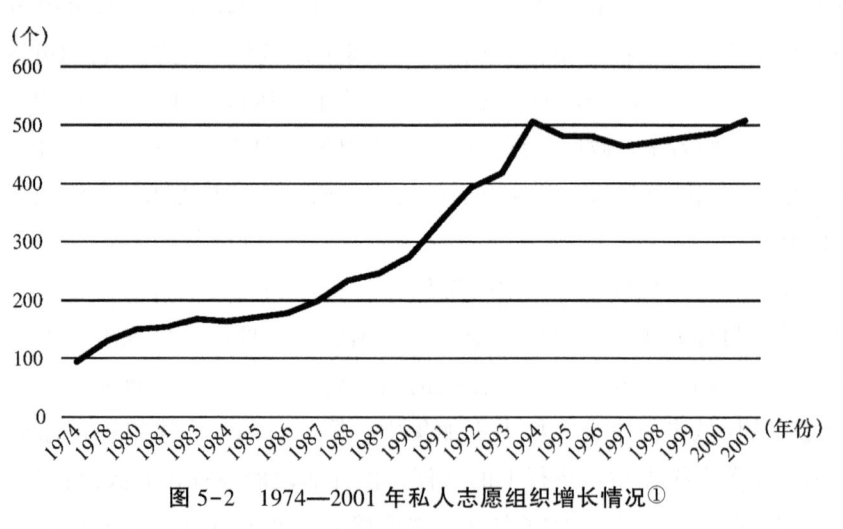

图 5-2 1974—2001 年私人志愿组织增长情况[1]

资料来源：根据 McCleary Private Voluntary Organizations 数据库绘制。

受美苏冷战的影响，这一时期的对外援助政策也相应地进行了调整。20世纪70年代是美国综合实力的相对薄弱期，也就是说苏攻美守是70年代的特征。到了80年代，美苏对抗局势再次逆转，美国想要遏制苏联

---

[1] 1975—1977 年、1979 年和 1982 年数据缺失。

的扩张,因此,美国适时调整了对外援助政策。援助政策的调整传导到官方资助私人志愿组织,也带来了美国官方资助私人志愿组织政策的改变。总体而言,里根主张减少对外援助对国家的财政压力,对外经济援助的大量投入被视为是政府的负担,同时,里根政府强调军事援助在援助活动中的重点位置,服从整个国家战略的目标。在这个阶段,政府鼓励对外援助活动的私有化,提倡以一种商业化的方式与政府展开合作,提高美国对外援助中私人机构在经济援助上的作用。可以说,里根时期政府对私人志愿组织存在着依赖化的倾向,在实际过程中,国际开发署将更多的经济援助项目交由私人志愿组织去完成,并且降低经济援助在整体援助资金中的比例。① 冷战后美国对外援助的意愿随之下降,而政府内部财政的压力却越来越大,这代表着美国国际开发署在与私人志愿组织合作时,需要更加注意授权给私人志愿组织的表现和能力。这种转变也反映在这一时期国家开发署与私人志愿组织采用合同建立合作伙伴关系时的战略考虑,政府借助官方立法和规范、适当的流程改革对私人志愿组织的合同管理中的问题进行修正与完善,从这些举措中,可以看到政府与私人志愿组织间的合同关系发生了螺旋式波动。

一 官方立法:《联邦拨款与合作协议法》

美国政府资助私人志愿组织的三种方式,即合同、拨款和合作协议,② 这三种方式从属于美国联邦机构资助体系,需要服从联邦法律、法规的约束。1977年美国出台《联邦拨款与合作协议法案》,对政府购买服务合同(procurement contracts)做出规定,根据法律,美国行政机构必须是以购买、租用或者以物易物的方式占有财产或服务,以达到自身利益为目标,另外,行政机构需要以适当方式加入合同的执行。这种规定要求美国行政机构在购买服务合同中必须履行监管者的身份责任。

---

① 卡特政府规定私人志愿组织占有政府对外援助资金的一定比例;里根政府将经济与发展援助直接转移给私人志愿组织。
② 根据《联邦采购条例》,合同应用于获取服务,以直接造福或使用一个机构,而赠款或合作协议则应用于关系的主要目的是"将有价值的东西"(即基金)转让给接受方,以实现根据法律授权的公共目的。

在对外援助项目中，国际开发署可以通过签订合同参与项目的实施过程。同时，合同以明确的方式规定了交易双方的权利与义务、合同的有效期以及相关条款。这种基于双方同意和共同目标而存在的契约关系，对公共部门和承包商都提出了条件。国际开发署可以在合同中体现自我意志，决定援助项目的实现方式、规模以及人事安排等，并且可以在项目效果不理想的情况下，对承包商进行追责，有权决定终止合同甚至是拒绝与承包商的合作。因此，这意味着私人志愿组织如果有实现更多合同机会的愿望，就需要竭力去满足合同的条件，营造让人信服的组织形象。尽管这一时期的机构调整让美国国际开发署的权力有所下降，但这并不允许国际开发署表现得更差。官方的合同立法出台后，从某种意义上说，以法律形式对国际开发署的援助合同提出了约束，也是对官方合同管理的能力提出了更高期待，要求政府保证合同执行中的全程监督，这一法律与国际开发署内部的自动决策系统（ADS）共同组成援助合同适用的主要法律法规。

二 流程制度：多方参与的 IQC 制度

克林顿政府时期，伴随着美国国际开发署的精简，国际开发署的工作人员也随之减少，无法在合同管理上安排像以往一样较多的人参与，因而对政府的合同管理能力提出了新的挑战。1994 年是政府购买服务合同流程制度改革的分水岭。在这之前，根据合同规定，承包商需要经过提交投标申请进入"承包商池"（a pool of contractors），进行招投标，政府会对提交申请的组织进行尽职调查，最终有能力的组织将会中标。这一看似公平的模式却存在着一个不容忽视的风险，即政府决定以一种竞争的方式来选拔最终"合伙人"时，只有有能力通过事前审查的组织才有资格获胜，但是很多小型私人志愿组织缺乏足够的动员资源，以及应付各种行政流程手续的能力，它们很容易在竞争和检查中被淘汰，长此以往，"承包商池"中只剩下一些长期合作者，私人志愿组织被寡头化。因此国际开发署在 1994 年提出用强调多方参与的 IQC 采购模式改革，IQC（Indefinite Quantity Contract, IQC）指通过延长合同时限，与承包商建立一种长期稳定的合作关系，获得持续的物品或服务供应，具体类型包括不确定数量合同、确定数量合同以及需求合同，它比普通采购流程更能减少由于合同审批等行政手续而带来的时间和精力浪费。并且在 IQC 制度下，国际开发署在选择承包商时不会限定在大型的私人志愿组织或其他机构，有意识地让小型私人志愿组织加入，借助长期的合同关系，培育一个新合作伙伴，扶助小型组织成长壮大。一份合同可以购买多种服务，授标的速度提升。

三 私人志愿组织表现：收支情况与发展

在 1974 年之前，美国国际开发署在对外合作中倾向于采用合同的方式与私人机构开展合作。之后情况发生变化，相比合同而言，捐赠对于国际开发署的官员来说更为轻松，它只需官员简单的监督，在 20 世纪 70 年代随着时间的推移，这种趋势在不断强化，私人志愿组织在海外的活动得到更多独立性。美国国际开发署声称这种决定是一种诚意的体现，它们信任私人志愿组织会处理好自己的财务问题，但从事实上看，这或许是国际开发署的部分理由而已。美国国际开发署缺乏管理私人志愿组织的经验，以及在早期阶段它们更倾向于与专业基础更好的其他私人机构开展合作，让国际开发署习惯用捐赠这种更为直接和"省力"的方式资助私人志愿组织，然而由于国际开发署的管理控制不足，一些捐款被高估或无法核实。国会要求国际开发署履行更严格的财务责任，合同被越来越多地使用。

美国国际开发署的财务报告显示，私人志愿组织的收入来源（如图 5-3）可以分为三类，分别为私人资助、联邦政府资助及国际组织和其他资助。联邦政府资助包含国际开发署和其他政府资助两部分，而美国国际开发署资助可以分为五种具体类型，即第 123 条款涉及的海运费、P. L. 480 货物、P. L. 480 捐赠的食品、捐赠和合同。

从私人志愿组织的收入与联邦政府资助的对比可以看出（如图 5-4），官方资助对私人志愿组织来说开始变得不那么重要了，尽管在 1994 年前后官方资助重要性略有上升，但总体趋势上，官方资助在私人志愿组织的收入中占比渐趋降低，这是因为这一时期政府对私人志愿组织的依赖性增加，国际开发署提供官方资助的能力和意愿都在减少，政府更

80　国际发展中政府与社会组织的合作研究

```
                    总收入
        ┌─────────────┼─────────────┐
  国际组织和其他资助  联邦政府资助      私人资助
              ┌──────┴──────┐
         其他政府资助      USAID资助
         ┌────┴────┐    ┌────┴────┐
    其他政府捐赠 其他政府合同   合同        捐赠
                     │           │
               P.L.480捐赠    P.L.480货物
                 的食品
                     │
              第123条款涉及的海运费
```

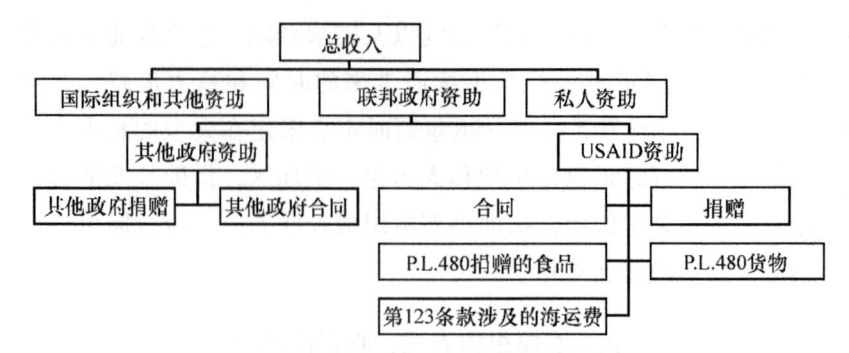

图 5-3　私人志愿组织收入来源分支

资料来源：根据 McCleary Private Voluntary Organizations 数据库和 USAID 官方报告的统计口径汇总。

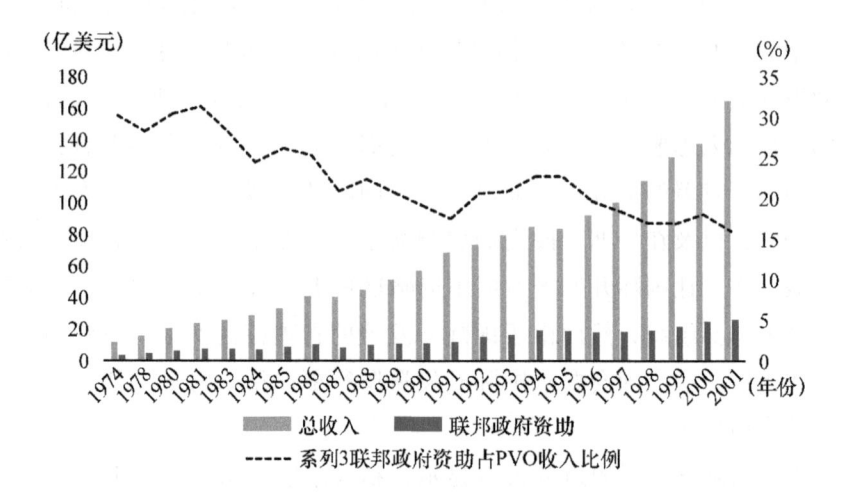

图 5-4　1974—2001 年私人志愿组织收入与联邦政府资助情况对比①

资料来源：根据 McCleary Private Voluntary Organizations 数据库绘制。

希望看到私人志愿组织能够吸引更多的私人资本进入援助市场，以减轻财政负担。对政府而言，私人志愿组织对官方资助的需求下降，可以为政府提供机会集中于政府关注的事情上。对私人志愿组织而言，对官方资助的依赖下降有益于摆脱一直以来过度依靠捐助者而丧失志愿组织使

---

① 1975 年、1976 年、1977 年、1979 年和 1982 年数据缺失。

命的批评，更为志愿组织提高自身的能力建设提供了潜在契机，甚至有机会参与到政府的决策过程。

具体看美国国际开发署的资助概况（如图5-5），在绝大多数时间里，捐赠是国际开发署最常采用的合作方式，美国的外交政策目标在某种程度上决定了用于支付联邦援助的融资工具的类型，捐赠一直受到欢迎的原因是它能够在政府干预最小的情况下给予私人志愿组织自由，而同时在美国官方援助没有到达的地理空间施行援助工程。与捐赠相比，国际开发署选择合同时会考虑得更多。除此之外，私营公司这一商业角色似乎比私人志愿组织更加适应合同关系下的规则，因而政府更偏向于与公司合作签约。私人志愿组织是政府使用合同作为对外援助合作方式的一部分，但没有被视为中心角色，所以合同涉及的援助资金在资助体系中占比并不算高。分别从纵向和横向比较合同的使用，能够看到合同关系的发展经历了一种波动化过程，在1997年之前有过几次起伏，但变化不是很明显，保持在占联邦政府资助的10%左右，在1997年之后，合同占比有下降的趋势。而与捐赠相比，在1991年之前，二者间的差距有缩小的迹象，但在那之后，捐赠和合同涉及资金差异越发明显。

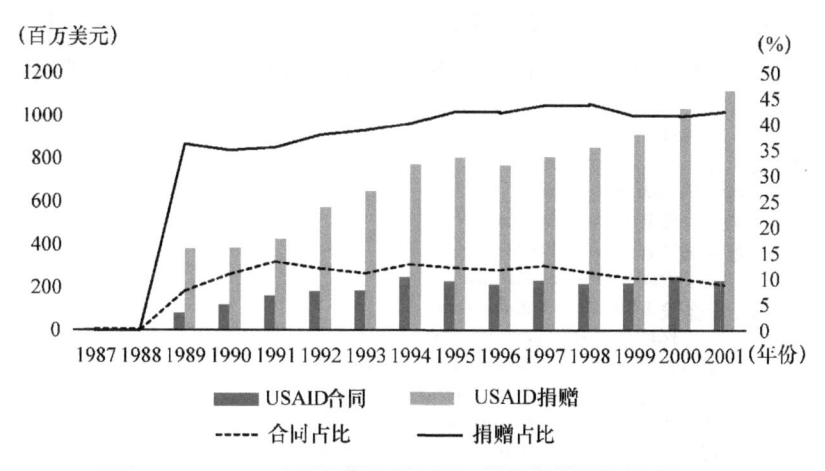

图5-5 1987—2001年①私人志愿组织获得合同与捐赠概况

资料来源：根据McCleary Private Voluntary Organizations 数据库绘制。

---

① 1974—1986年和1988年数据缺失，1987年数据不完整，只有一条合同记录。

上面提到，私人志愿组织并没有成为政府签订合同时的优先选择对象，政府更喜欢与私营公司这类非常熟悉商业操作过程的机构进行合同外包服务。那么，分析与私营机构合同竞标中获胜的私人志愿组织的个性化特征，能从具体和细致的角度认识政府与私人志愿组织合同关系的全貌。根据有记载的数据，1987—2001 年美国国际开发署与私人志愿组织共签订 479 份合同，其中绝大多数私人志愿组织是世俗性的，它们在一些具体领域的表现给政府留下了好印象，在这些领域，志愿组织表现得更好（如图 5-6）。其中"教育/高等教育"类是私人志愿组织最热衷的地方，其次是"社区/能力建设""专业协会""医学与健康"和"环境"，私人志愿组织更容易中标。从谈及的领域看，不同于美国国际开发署成立初期私人志愿组织被委派的短期项目任务，私人志愿组织开始转向长期性、可持续发展、看重社区建设等援助项目。私人志愿组织经过几十年的援助实践，在对外援助的参与中，并不仅仅是作为一个承包商执行援助计划，更重要的是，它反向促进了志愿组织自身的成熟与进步。然而，它也暗示着在合同关系下，一些隐藏性问题开始显露出来。合同提倡公开竞争，获取有关合同招标书的信息需要工作人员对合同过程的了解，这是一些私人志愿组织所不熟悉的。还有，在不能确保中标的前提下，在合同申请流程中花费较多的时间和精力会拖垮某些组织。

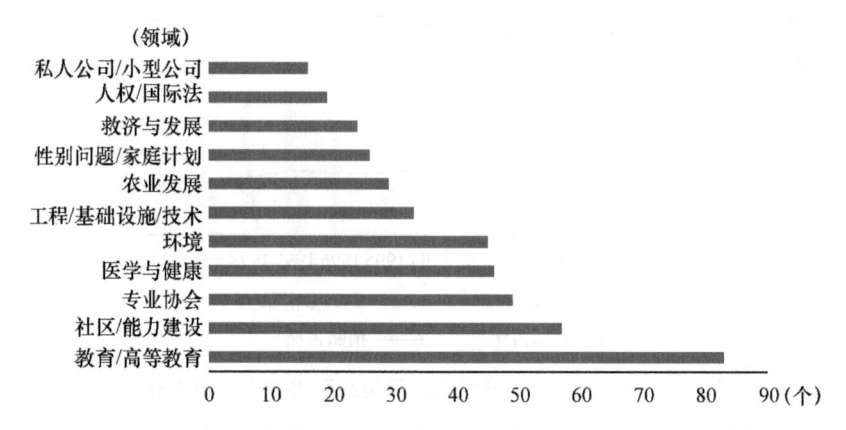

图 5-6　1987—2001 年与国际开发署签订合同的私人志愿组织最常参与的领域

资料来源：根据 McCleary Private Voluntary Organizations 数据库绘制。

故而，美国国际开发署开始意识到一些大型的组织将具有优势，正如 IDC 制度建议的那样，希望能够实现多方参与的发展，向更大的承包方向走。大型实体有利于执行美国国际开发署的项目。通过分包合同，小型组织的机会越来越有限。

在私人志愿组织的支出方面，支出主要包含项目支出、行政费用和筹资支出，从获得合同机会的私人志愿组织的支出结构看（如图 5-7），项目支出是支出结构中最重要的部分，这也是衡量组织是否有效执行援助项目的指标，而行政费用则代表着组织为了中标，应付各种行政手续和流程的费用，项目支出与行政费用之比越小，说明在某种程度上，志愿组织如果想在合同竞争中胜出，需要妥善应付国际开发署的行政规定。另外，这一比例越小，则越有可能挤出小型组织，因为它们缺乏应对各种行政程序的经验。1987—2001 年间项目支出占总体比例基本保持稳定，行政费用和项目支出与行政费用之比的变化方向相反，项目支出与行政费用之比经历了四次下降后上升，总体趋势向上发展。十几年来，国际开发署与私人志愿组织的合同关系下，由行政费用带来的负担在减缓的方向上发展，表明美国国际开发署为简化程序进而精简机构改革取

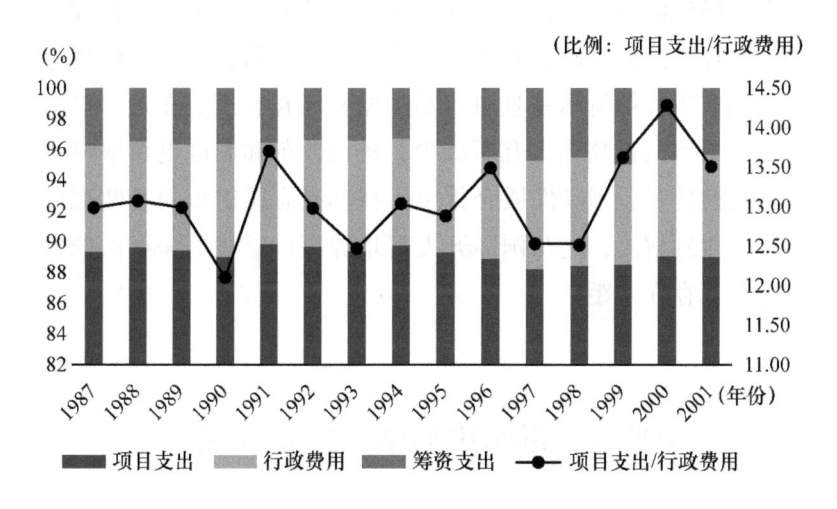

图 5-7　1987—2001 年获得合同的私人志愿组织支出结构

资料来源：根据 McCleary Private Voluntary Organizations 数据库绘制。

得了一定的效果。但是，值得注意的是，这里分析的数据是已经成功中标的胜利者，由于缺乏对中标失败的私人志愿组织的机构的行政费用进行比较，因此不能简单地下结论说这一时期小型的私人志愿组织得到了保护。

整理这一时期美国国际开发署与私人志愿组织合同关系的演进过程细节，可以比较清楚地发现三个趋势。首先，由于对外援助政策和机构，以及国际开发署自身对合同的态度的变动，国际开发署与私人志愿组织间的合同关系在这一时期呈现着螺旋式波动的特征。具体运作时，政府有意识地加强合同管理的能力，通过官方立法和流程制度的完善来弥补合同制度设计上的缺位。其次，私人志愿组织的收入来源不再完全依赖于官方资助，在一定程度上反映着私人志愿组织与政府互动中自主性的相对提高，它们不再满足于承包政府短期的项目，积极主动地在周期更长、更注重组织能力的领域中实施援助活动。然而在私人志愿组织内部，发展的差距开始显露，合同关系催生了大型私人志愿组织的垄断。志愿组织间的规模效应产生，限制着小型志愿组织参与援助合同的竞标。最后，合同的主要目的是获得服务，承包商是美国国际开发署的代理人，履行一套明确的商业职能，国际开发署重视私人志愿组织在官方援助无法到达的地理空间代替政府开展援助，但是烦琐的合同申请流程会让私人志愿组织产生厌倦情绪并且也容易加剧寡头化程度。在这一时期，私人志愿组织受到的行政压力有所减少，机构改革和制度更新取得了一些效果。但遗憾的是，国际发展合作中大型私人志愿组织的垄断现象并没有从根本上得到解决，这与国际开发署培养更广泛、更深层次的伙伴关系的理想目标存在差距。

第四节 继承中调整：2002 年至今

经过商业化时代，政府与私人志愿组织的互相依存度不断加深。新世纪的美国政府依旧强调与私人志愿组织的伙伴关系，在这一阶段，私人志愿组织仍旧保持增长的势头，但近两年有所回落（如图 5-8）。2001

年后,"9·11恐怖袭击事件"为每一个美国人拉响了警报,国家安全上升至空前重要的位置,这种意识也反映在对外援助中。冷战后美国对援助的兴致消减,但2001年后,美国对外援助的主动性提高,对外援助的金额逐渐攀升。小布什政府在2002年设立"千年挑战账户",意图扩大美国对外援助的力度和规模。然而,国家开发署与私人志愿组织的合同管理中积存的大量问题在这一时期仍未消除,并且有更加明显的趋势。于是,为了维持健康有益的合作关系,美国国际开发署开始进行一些制度性调整,以适应来自21世纪的挑战和质疑。

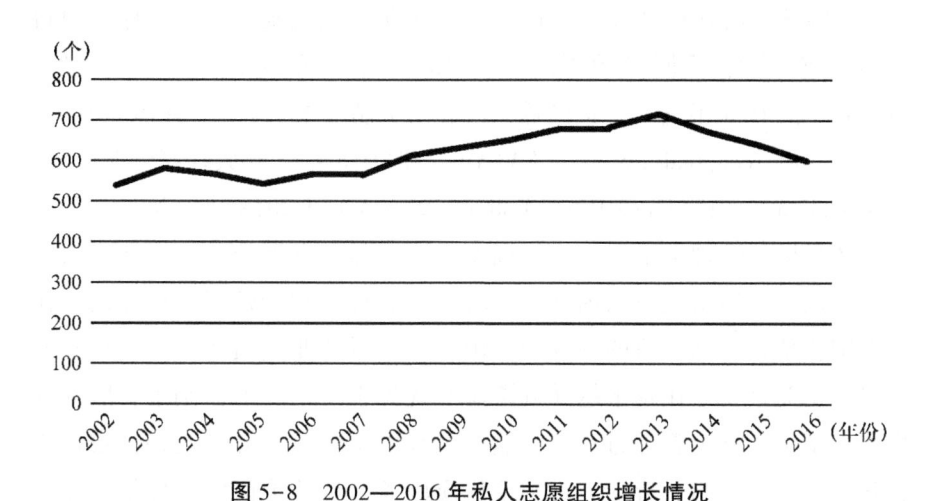

图 5-8 2002—2016 年私人志愿组织增长情况

资料来源:由 USAID 官方 VolAg 报告数据汇总。

一 制度调整:逐渐注重绩效导向的对外援助

美国国际开发署建立以来,在摸索中逐渐形成一套相对完整的合同管理体系,私人志愿组织不断壮大的事实能够证明这一管理体系是有优势的,但同时,经过几十年的演化,这一管理体系也积攒了不少问题和弊端,制约着美国对外援助效果。

从上一阶段起,美国对外援助领域出现一个负面现象——私人志愿组织的寡头化,从一个小范围的群体中挑选合作对象既不利于私人志愿组织的整体组织生态良性发展,也增加了政府的寻租空间,从而拉低合同管理的质量。故而,从小布什政府开始鼓励私人机构加入,保证合同承包商之间的竞争，并采用"伞状"合作协议的方式，建议私人志愿组织与受援国本土的组织建立合作关系，让它们成为国际开发署的间接合作方，私人志愿组织与本土组织的交流要得到国际开发署的认可。可以说，"伞状"协议一方面延伸了传统私人志愿组织与政府的合作链条，让更多组织参与到对外援助的项目执行中，尤其对受援国本土民间社会的成长不无裨益，另一方面，这种方式进一步丰富了官方援助的策略选择，确保国际开发署能够更专心扮演好监督者的角色，进而提高援助管理的绩效。

国际开发署在提高援助项目绩效上还在管理规则、绩效指标和项目评估方面进行了调整和完善。2010年《政府绩效与结果法案》（GPRA）、2016年《对外援助透明度和问责制法案》（Foreign Aid Transparency and Accountability Act，FATAA）和2018年《开放政府数据法案》（Foundations for Evidence-Based Policymaking Act of 2018）的颁布对政府的绩效目标和管理水平上提出更高要求，国际开发署的行为必须与法案一致。最终的结果应当在国际开发署的财务报告和绩效报告中体现，作为在国会预算计划申请的一部分。国际开发署的业务绩效对于实现其发展目标至关重要。在越来越强调资源与优先事项匹配的原则下，国际开发署尝试优化整个管理过程，在这一过程中主要关注九大规则：技术现代化、问责与透明、劳动力、共享优质服务、从低价值向高价值工作的转变、类别管理、拨款结果导向责任制、改善重大收购的管理与联邦IT支出透明度。国际开发署强调通过提供技术和实施更简单的拨款申请流程以改善公民服务，提高整个政府行政服务的效率和效力，以便将更多的资源用于结果，而不是重复在行政服务上花费时间，将精力和资金转移到援助项目的核心优先事项上。由此，预算和管理决策在国际开发署的援助效果提高上起着更大的作用，整合绩效管理的现有资源。另外，在越来越重视预算管理的背景下，政府基于对外援助基本目标制定了一系列考核指标，在2018财年绩效报告中，"保障美国国内外安全"目标下国际开发署设立31个指标，"恢复经济持续增长和创造就业方面的竞争优势"下设立36个指标，"通过平衡参与提高美国领导力"下设立24个指标，"确保对美国纳税人的有效性和责任"下设立27个指标，其中还专门对私人志愿组织的活动和行为保护设立评价指标，提升参与水平。

同时，绩效指标的体系化是项目评估的证据，这也与《对外援助透明度和问责制法案》的要求相符，国际开发署重视对项目执行的追踪和评估，认为高质量的评估是评价发展方案和合作伙伴表现的重要工具，能够为下一阶段的决策提供依据。2011年以来，国际开发署每年委托进行的评估数量年增加约200次，总计超过1100项评估，并且公开透明报告评估结果，用评估结果指导项目设计，进行中途更正，使部门工作人员能够在评估中协作、学习和适应，从而达到提高援助有效性的目的。

二　私人志愿组织表现：在继承中发展

通过私人志愿组织私有化的努力，观察私人志愿组织的收入结构（如图5-9），虽然联邦政府资助的总体规模仍在缓慢增长，联邦政府组织所占比例却在波浪式地变化。整体而言，联邦政府资助在私人志愿组织的收入中的地位持续下降，与上一阶段相比，私人志愿组织资金来源多元化的特性更加明显。很显然，这是美国国际开发署制度调整的结果，侧面反映了私人志愿组织资金融资机制的丰富性。

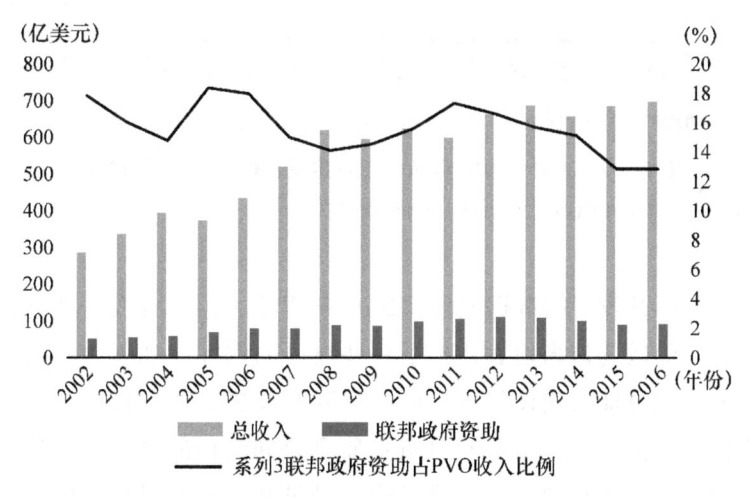

图5-9　2002—2016年私人志愿组织收入与联邦政府资助情况对比

资料来源：由USAID官方VolAg报告数据汇总。

在 2002 年至 2016 年间，美国国际开发署与私人志愿组织共签订 666 个合同，签订的合同量在 2012 年前后达到峰值，随后几年逐渐下滑。在联邦政府内部资助方式中（如图 5-10），捐赠比例小幅上升，合同在联邦政府资助中所占比例延续了上一阶段的下降趋势，这一时期合同占比的下降程度更大，这表明国际开发署对待援助资金的使用更加谨慎和小心，希望能够将援助资金的作用以效率最大化的方式发挥出来。另外，鼓励私人资本进入援助市场的同时，政府加大了与私营公司的合同签约，因为与私人志愿组织相比，私营公司更适应商业关系的法则，因而在这一阶段，私人志愿组织如果想要续约或拿到合同，还必须处理好与私人资本的竞争。

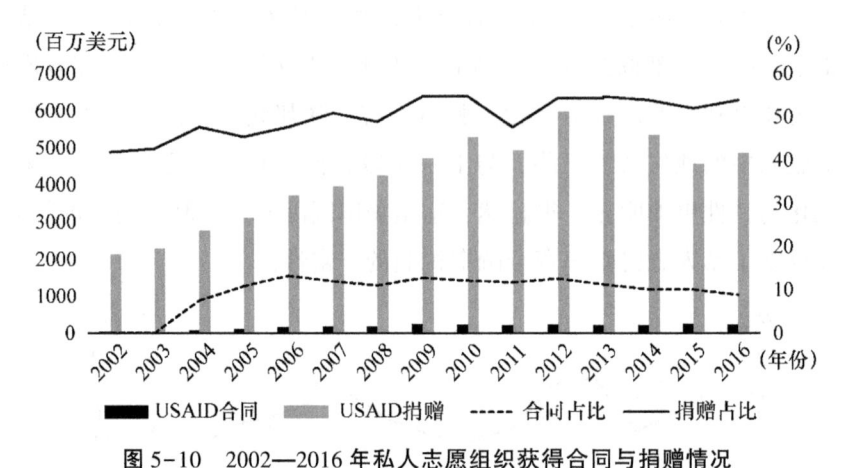

图 5-10　2002—2016 年私人志愿组织获得合同与捐赠情况

资料来源：根据 USAID 官方 VolAg 报告数据汇总。

根据国际开发署的数据整理，2002 年以来，国际开发署在选择合同伙伴时，已经较为清晰地表达出了一些自己的偏好（如表 5-1），教育、健康、农业以及能力建设等领域中，国际开发署更放心将援助项目交由私人志愿组织去完成，而政府只负责监督合同责任的执行，并且对私人志愿组织的表现进行评估。不难发现，经过几十年的援助合作后，国际开发署与一些组织建立了长期、稳定的合作伙伴关系。获得合同机会数量最多的前十位组织都连续多年与国际开发署签约，国际开发署更愿意与这些伙伴保持持续的沟通。这些私人志愿组织大多成立较早、组织历史较长、在援助中富有经验，国际开发署更放心与它们合作。除此之外，也有一些新生的私人志愿组织在特定领域成长较快。为了弱化大型私人志愿组织的垄断效应，国际开发署提出支持小型志愿组织壮大的举措，将援助项目分派给它们从而控制大型组织的扩张，从表5-1中也能看出，这些举措取得了一定成效，但大型私人志愿组织在合同竞争中仍然维持着主导性地位。

表5-1　2002—2016年获得合同机会数量最多的前十位私人志愿组织

PVO	创立时间（年）	涉及领域	合同金额（百万美元）	合同数量（个）
教育发展学院	1961	教育、健康与经济发展	686	9
国际人口服务	1970	卫生健康	642	13
健康管理科学公司	1971	卫生健康	614	10
国际救济与发展	1998	救济与发展	465	11
世界学习	1932	社区建设	254	15
ACDI/VOCA	1963	农业	221	14
教育发展中心	1958	能力建设	185	15
国际教育学院	1919	能力建设	138	14
探路者国际	1957	卫生健康	125	14
国际防治结核病和肺病联盟	1920	卫生健康	86	10

资料来源：笔者根据USAID官方VolAg报告数据整理而得。

关于组织支出结构（如图5-11），近二十年行政费用总体变化趋势是先增加后减少，而项目支出总体变化不算大，小幅度的上下摆动，而项目支出与行政费用之比则相对来说显得不太稳定。与20世纪比较，这一阶段比值稍大，表明美国国际开发署继承了上一阶段的传统，在这一时期仍关注合同流程、行政手续的压缩与简化，使私人志愿组织能够将组织资源用于与援助效果紧密相关的项目支出，优化私人志愿组织的援助表现，积累在下一次合同竞标中获胜的资本。

美国国际开发署与私人志愿组织在携手走向21世纪的过程中，已经积累下一些经验，而这些经验在21世纪以来得到传承。同时，为了适应

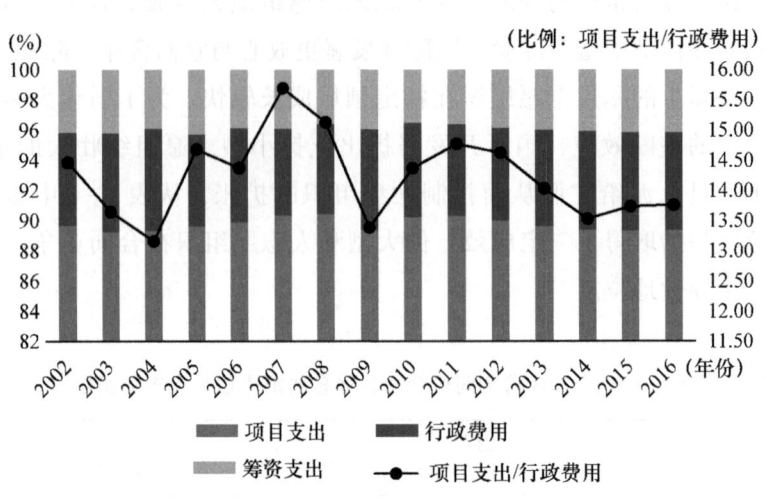

图 5-11　2002—2016 年获得合同的私人志愿组织支出结构

资料来源：由 USAID 官方 VolAg 报告数据汇总。

援助政策和国家战略目标的更迭，本阶段还表现出新的特征。总体上，在这一时期，国际开发署对外援助的规模比上一阶段有所扩大，并且国际开发署非常关心如何使有限的援助资金最大化地利用和提高援助资金的绩效。政府与私人志愿组织合作时讲求效率和优质，借由制度调整改进对外援助效果。此外，国际开发署在管理与私人志愿组织的合同关系时，吸收前阶段的教训，努力抑制大型志愿组织在援助中的过度垄断，给予小型志愿组织官方性政策倾斜扶助，可惜政策效果受限，美国国际开发署的合作伙伴大部分还是那些有经验、资源基础比较好的组织。

研究结论、展望及对中国的启示

承认美国国际开发署和私人志愿组织存在利益重叠领域的同时，必须承认它们的动机、利益和责任并不相同，也不应该相同。纵览几十年来美国国际开发署与私人志愿组织的合作历程，最令人印象深刻的就是随着国际背景和国际开发署的援助政策转变，合作方式也在随势而变，但二者在共同利益问题上保持一致，维系政社伙伴关系，保障对外援助项目行之有效。通过对美国私人志愿组织参与援助的数据展示和历史梳理得知，国际开发署与私人志愿组织的合同关系经历了三个阶段的变化，基于三个阶段的动态演进概括出三个结论如下。

第一，国际开发署与私人志愿组织合同关系变化取决于对外援助目标的更替，政策的变化使得政府与私人志愿组织间的合同外包从非正式走向私有化、效率化。在国家层次上，一个国家的对外援助目标受到国家利益的影响，美国国家利益呈现着阶段性特征，三个阶段中国家对外援助的重点各有不同，对外援助目标的更改引起了政府机构和制度性改革，合同关系也需要适应国家层面上的战略调整。不过无论是何种调整，理想目标都指向维持援助国国内的组织结构，保持良性生态，进而提高援助资金的使用效益。

第二，官方资助私人志愿组织的资金方式渐趋多元化，以效率为导向的方式成为官方偏好，政府在这一双方关系中仍占据主导地位，且又看重控制与监督的权力。美国国际开发署在成立早期就关注到私人志愿组织在对外援助中的重要性，于是吸引这些距离民间社会更近的组织成为政府合同的承包商执行对外援助项目，甚至在美国官方援助尚未到达的地理空间上活动。为了达到更好的援助效果，国际开发署鼓励私人志愿组织开发多渠道融资，减少对官方融资的依赖，政府保留监督合同执行的机会，私人志愿组织在这些激励下得到了一定程度的成长。

第三，合同式治理并不完美，合同管理的难度对政府而言是一个挑战。合同式治理的优势在于竞争与效率，国际开发署与私人志愿组织在援助合作中建立的合作关系提供私人志愿组织发展的资源动力。然而合同关系也面临着由于寡头化、合同过程不透明、政府寻租等问题而招致的各方批评，这些弊端让私人志愿组织参与对外援助的有效性下降，解决这些问题需要政府提高合同管理的能力，从美国国际开发署的表现看，其表现仍有进步空间，提高政府合同管理的能力或许是接下来讨论对外援助有效性的重要命题。

美国的对外援助仍在发展中演进，援助的不确定性在增加。特朗普坚持削减援助预算的想法，在最新提交的2021财年预算案中，特朗普再次提出大幅减少援助预算计划。在对外援助预算有可能再度减少的情况下，留给国际开发署的难题是如何在保证援助效果不受影响的前提下，更有效地使用预算资金。在一定意义上，私人志愿组织和私人伙伴将继续为美国国际开发署分忧。尽管美国与中国的对外援助模式并不相同，但美国在对外援助中的经验值得学习和借鉴，本节总结了三点可能对中国的有益启示。

首先，中国的对外援助应当基于国家利益和战略定位的需要制定更加系统的援助制度体系，鼓励社会组织等社会资本参与到发展合作中，提高对外援助的综合水平。随着中国国际地位的提升和对外援助规模的扩大，为了避免国内制度框架的不完善对援助合作形成的反向约束力，应当考虑在制度层面上进行完善。中国在对外援助领域的制度建设仍处于起步阶段，社会组织等力量在援助中的表现更为分散，因此需要考虑夯实发展合作中的顶层设计基础、填补援助的制度缺口，并且重视发展援助伙伴关系，提高中国在国际援助中的影响力。

其次，作为一种政府与社会组织间的合作模式，合同不只是简单的购买，而是一种结盟，涉及政府与承包商之间非常重要的相互依赖关系。合同关系形成时会出现各种决策的交融，政府不是投标的被动接受者，而是一个主动参与者，它的决定会影响最终的援助效果，所以对于中国对外援助领域的管理者来说，需要在政府内部建立有效的团队，保障项目的运行。

最后，在对外援助中，官方如果尝试以契约方式将援助项目交由社会组织执行，这意味着需在制订合同开始时确立一些规则，以及确立监控程序和有效的沟通，并在合同运作期间维持这种程序和沟通。在合同式治理下，政府与社会组织间的互动可以是建设性的和互利的，既要遵守隐私和独立原则，又要在追求共同商定的目标时保持明确的、注重成果的问责标准，最重要的是，政府应当在实际运作中认真履行自己职责，以提高合同式治理在援助中的效力。

社会组织也是国际援助的重要组成部分。具体而言，一些跨国界的社会组织大量参与到国际援助的实践中，且大多聚焦于某一个具体的领域提供援助，不管是大到医疗投资还是小到支援教育均有社会组织的身影。然而，由于社会组织数量极多、形式多样，与政府援助相比体量较小，因此在衡量和统计上具有较大的困难。尽管一些较为出名的社会组织在提供对外援助时逐渐引起了世人越来越多的关注——比如比尔及梅琳达·盖茨基金会，然而，由于缺乏相关的数据等系统信息，加上已有的社会组织研究大多聚焦国内事务，非政府国际发展组织的研究还相对较少，尤其是该类社会组织与政府的关系的相关研究。

其中最重要的问题之一是政府的资助会影响社会组织的项目运作吗？长期以来，人们一直担心政府的资助会损害社会组织的使命，并使之偏移。现有的理论和实证并不能完全论证政府资助与社会组织项目支出之间的关系。本部分通过探讨政府拨款对社会组织在国际发展领域的项目支出的影响来检验这一问题。通过使用登记在美国国际开发署的国际发展社会组织的20年数据，我们发现政府资助较多的社会组织有着较高的项目支出。政府的资助似乎增加了社会组织的项目支出，使它们更加专注于与使命相关的活动。

第六章　国际发展中政府与社会组织的关系研究：基于管理费用的视角

近几十年来，政府资助社会组织提供服务和政策执行一直是公共行政领域的一种常见做法（Salamon，1995；Smith & Lipsky，1993）。通过"掏空"国家，越来越多的公共服务由非营利承包商和受助人提供（Milward&Provan，2000）。例如，Steuerle 等（2017）估计，美国非营利部门在 2015 财年从联邦政府获得约 4970 亿美元，比 1980 财年高出 187%。这种密切的资助关系引起了公众和非营利性管理学者的极大关注（e.g.，Amirkhanyan & Lambright，2017；Brown et al.，2018；Lamothe，2015；Salamon & Toepler，2015；Suárez & Esparza，2017）。在政府与社会组织关系的文献中，越来越多的研究探索哪些因素会影响政府的来源选择，或者，资助机构更喜欢哪种类型的社会组织（e.g.，Garrow，2011；Lu，2015；Marwell & Gullickson，2013；Stone et al.，2001；Suárez，2011）。这些文献研究了影响社会组织接受政府资助的各种组织类型和环境因素。

在这一系列研究中，关于社会组织的管理费用如何影响它们获得政府资助的研究结果仍然没有定论。现有的文献提出了两种相互竞争的论点。一方面，价格假说表明，管理费用代表了组织资源从计划产出中转移。因此，高水平的管理费用被认为是效率低下和浪费的信号（Tinkelman & Mankaney，2007；Weisbrod & Dominguez，1986）。因此，资助机构不太喜欢在资助提案中收取较高管理费用的社会组织，因为这些社会组织可能无法有效地使用政府资金。另一方面，质量假设表明，管理费用代表组织能力。社会组织在行政基础设施和运营方面投入更多，更有可能提高其组织效率并提供优质服务（Gregory & Howard，2009），因此应被供资机构视为更称职的服务提供者。文献中的差异表明了政府与社会组织资助关系的复杂性，并呼吁进行实证研究以提供明确的答案。

不幸的是，关于这个主题的实证研究很少。Ashley 和 Van Slyke（2012）的研究首次尝试直接测试这种关系。他们使用来自佐治亚州的跨部门州级拨款数据，研究了社会组织的管理费用水平对政府拨款金额的影响。该研究发现两者之间只有微弱的线性关联，这种关系不足以支持价格或质量假设。与此相关的是，Ashley 和 Faulk（2010）研究了管理费用对社会组织基金会拨款数量的影响，并得出结论，似乎不存在明显的线性关系。这两项研究的作者都认为他们的发现是不确定的，并呼吁未来进行更多的研究。然而，据我们所知，尽管近年来对社会组织间接成本和效率比率的研究蓬勃发展，但没有研究解决社会组织的管理费用与政府资助之间的关系（e.g.，Charles，2018；Ecer et al.，2017；Gneezy et al.，2014；Parsons et al.，2017；Wong & Ortmann，2016）。

在 Ashley 和 Van Slyke（2012）的研究基础上，本章继续探索社会组织的管理费用对它们收到政府合同的影响。研究中的分析单元是单个社会组织（individual nonprofits）。我们认为，政府合同决策涉及价格和质量之间的平衡，这意味着价格假设和质量假设都不能完全捕捉到两个变量之间的动态关系。具体而言，随着社会组织管理费用水平的增加，其政府合同数量最初将增加（由于质量问题），但在临界点之后，社会组织管理费用水平的进一步增加减少了其政府合同数量（由于价格问题）。总而言之，我们假设社会组织的管理费用水平与其政府合同金额之间的关系不是线性的正数或负数，而是倒 U 形曲线。

我们用 1967 年至 2014 年在美国国际开发署注册的国际发展社会组织的面板数据来验证这一假设。不同的模型规范始终如一地支持两个变量之间的倒 U 形关系，并指出当管理费用约为组织总费用的 16%—18% 时，就会出现临界点。这些发现对公共部门和社会组织有效管理合同关系都有影响。特别是对于公共管理人员来说，除了考虑对承包商管理费用的限制是否会损害社会组织作为有能力的合作伙伴的能力，也可能会设定最低管理费用率，作为通知社会组织作为合格服务提供商的必要管理费用的信号。对于社会组织管理者来说，在人员配备和基础设施方面进行合理投资以履行其使命的组织将在政府资助的竞争中处于更有利的地位。

本章的内容安排如下。第一部分回顾了相关文献并分析了理论框架。然后，我们在第二部分中介绍数据、变量和测量值。在第三部分，我们介绍了数据分析结果和稳健性测试。第四部分讨论了研究结果的含义以及研究局限性，以便为未来的研究提供信息。

第一节 相关理论与分析框架

管理费用表示组织资源中分配给管理操作（如租金、公用事业、管理系统和管理性工资）的比例。这些管理费用通常作为间接成本包含在政府资助提案中——为共同目标而产生的成本，但不能轻易与任何特定计划挂钩（美国政府问责局［GAO］，2010）。美国管理和预算办公室（OMB）进一步将间接成本分为两大类：设施（例如，建筑物和设备）和管理（例如，会计和人事）。在争夺政府资助时，社会组织通常需要根据其实际组织支出信息以及支持文档在其提案中包含间接成本信息。资助机构通常需要审查申请人的间接成本，作为其来源选择的一个标准，并与社会组织谈判间接成本率，注意政府资金用于管理费用的百分比（Cohen，2008；Kelman，2002）。例如，Ashley 和 Van Slyke（2012）记录了一些州机构在评估拨款提案时明确考虑直接服务成本与管理费用的比率。事实上，虽然管理费用是政府订约过程的一个共同组成部分，但这些费用如何影响政府订约决定仍未得到很好的理解。文献为这种关系提出了两个方向，即价格假说和质量假说。

一 价格假说

争论的价格线主要建立在 Weisbrod 和 Dominguez（1986）的经典作品上。对于这些作者来说，管理费用代表了不直接用于慈善产出的组织资源（社会组织的真正使命）并且可以被视为"捐赠者购买组织产出中价值一美元的成本"的一部分（Weisbrod & Dominguez, 1986: 87）。因此，管理费用比率，即一个组织的管理费用与其总费用的比率，成为社会组织将资源转化为最终产出效率的指标：一个组织用于管理的费用比例越大，专门用于提供慈善产出的比例就越小，对资助者的产出价格就越高。这样，较高的管理费用比率表明效率低下和浪费程度较高，捐助者和监督组织等其他组成部分对此持负面看法。Gneezy等人（2014）将这种现象称为"开销厌恶"。实证研究证明，管理费用比率高的社会组织获得的私人捐款和选民支持较少（Bowman, 2006；Sloan, 2009；Tinkelman & Mankaney, 2007；Wong & Ortmann, 2016）。

当政府审议社会组织的资助提案时，似乎有理由认为，政府资助者会青睐那些收取较低管理费用的组织，以降低采购成本并最大限度地提高服务产出。毕竟，外包和参与跨部门合作的一个关键动机是通过市场机制使服务的提供更具成本效益（Bel et al., 2010；Gazley & Brudney, 2007；Savas, 2000）。报告说，在他们对美国地方政府的多轮全国性调查中，公共管理人员一直将节省成本列为合同的首要因素。从这个意义上说，较低的管理费用意味着更高的组织效率，供资机构在寻求服务提供者时可以重视这一点。社会组织间接成本项目报告说，社会组织感受到来自政府资助者限制其管理费用的压力最大，远高于监管机构、捐助者和基金会等（Wing & Hager, 2004）。最近加州社会组织的研究也有类似的发现（Berlin et al., 2017）。总而言之，在价格假设中，如果政府希望在一定的资金下能使计划产出最大化，那么低管理费用的组织将是首选。因此，管理费用较低的社会组织将获得更多的政府合同。

二 质量假说

在政府合同中追求降低管理费用给社会组织管理带来了巨大的压力。一个严重的后果是，它迫使社会组织对基础设施和运营的投资不足，例如提供非竞争性的员工工资和福利，设施和技术的投资不足，缺乏专业管理，从而创造了一个"非营利性饥饿周期"，损害了短期内服务的范围和质量，并破坏了非营利部门作为长期服务交付的有效合作伙伴的可行性（Gregory & Howard, 2009；Lecy & Searing, 2015）。事实上，社会组织需要合理的管理费用水平来维持其组织效率（Government Accountabilily Office，GAO，2010；Marwell & Calabrese，2015）。例如，Tuckman 和 Chang（1991）与 Greenlee 和 Trussel（2000）的开创性研究表明，管理费用较低的社会组织在经济上更加脆弱和痛苦。Chikoto 和 Neely（2014）表示，管理费用低的社会组织随着时间的推移，财务能力会显著下降。在社会组织间接成本项目中，Hager 等（2004）观察到，在基础设施上花费太少的社会组织比那些花费更合理的社会组织的有效性更为有限。

基于这些观察，质量假说表明，政府资助者应该更喜欢收取相当高的管理费用的组织，这至少有两个原因。首先，在市场交易中，一个人得到他所付出的代价，最低价格并不一定能保证最佳价值。相反，依靠拥有必要的行政基础设施和管理专业知识的社会组织可能有助于确保令人满意的合同履行，并最大限度地减少合同失败的可能性。其次，政府和社会组织在服务提供方面日益相互依存，意味着政府—社会组织合同从短期交易扩展到长期互惠合作（Saidel，1990；Van Slyke，2007）。这种制度安排意味着政府的绩效在很大程度上取决于非营利性承包商（Kettl，2002），社会组织同样依赖政府获得可靠的资金来实现其使命（Salamon，1995）。在这种情况下，基础设施和能力得到改善的非营利部门将有助于政府实现更好的绩效和公众信任（Kettl，2017）。实证研究显示，配备更复杂的组织结构和专业劳动力的社会组织比同行获得更多的政府资金（Lu，2015；Stone et al.，2001；Suárez，2011）。总而言之，为了确保短期服务质量和长期协作的可持续性，政府应该青睐那些收取合理高水平管理费用的组织。如果是这样，管理费用较高的社会组织将获得更多的政府合同。

三 可能的平衡

我们认为，这些假设都不能完全捕捉到社会组织的管理费用与接受政府合同之间的动态关系。事实上，政府合同决策总是涉及价格和质量之间的平衡（Cohen，2008）。

正如 Kelman（2002：285）所写的那样，政府从与其开展业务的公司那里获得了良好的价格和良好的业绩。例如,《联邦采购条例》(FAR 15.304[c])要求"在每次来源选择(source selection)中应评估政府的价格或成本",并且"在每次选择时,产品或服务的质量应通过考虑一个或多个非成本评估因素来解决,例如……技术卓越,管理能力,人才素质,……"因此,我们假设社会组织的管理费用水平与其政府合同金额之间的关系不是线性的正数或负数,而是曲线的。

政府合同主要给收取最低管理费用的组织(价格问题)。然而,当管理费用低于合理水平时,对质量的关注往往会主导合同决策。在这种情况下,将不会选择不合理地降低管理费用的组织。因此,我们假设社会组织的管理费用水平与其收到的政府合同数量之间存在非线性的倒U形关系。倒U形函数的初始上坡表明,管理费用与政府合同之间存在正相关关系,可以代表质量假说。管理费用极低的社会组织表明基础设施和效率薄弱,因此不太可能获得政府合同。因此,在其他因素保持不变的情况下,随着社会组织管理费用的增加,它将获得更多的政府合同。此外,价格假设可以帮助解释上坡最终如何改变方向。当一个组织的管理费用达到一个合理的水平(即该组织拥有满足政府资金需求的必要能力)时,对价格和效率的关注可能会指导政府的合同决定。在这个阶段,如果其他事情是一样的,政府将更喜欢管理费用较低的组织,以最大限度地提高服务产出和采购效率。因此,在某一点之后,管理费用的进一步增加将减少政府合同。

总而言之,我们假设社会组织的管理费用水平与其收到的政府合同数量之间存在潜在的倒U形关系:管理费用的增加最初导致政府合同的增加,但在某一点之后,管理费用的后续增加导致政府合同的下降。图6-1总结了我们的论点。

第二节 数据与研究方法介绍

我们使用在美国国际开发署注册的国际发展社会组织的样本来验证我们的假设。20世纪50年代以来,美国国际开发署与国际发展社会组

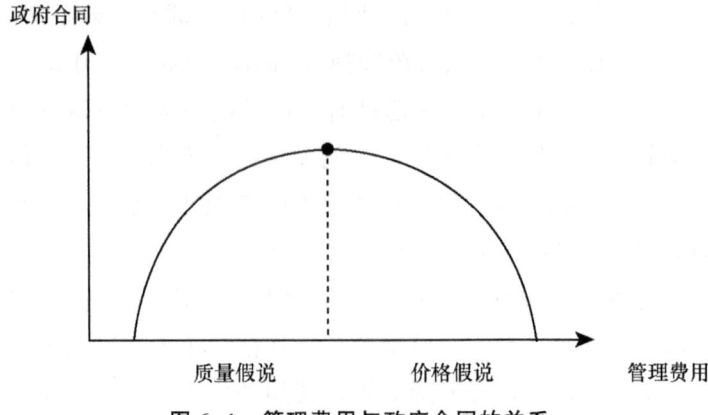

图 6-1 管理费用与政府合同的关系

织合作，在世界各地提供国际援助和发展服务，以支持美国的外交政策目标，并应对广泛的发展、人道主义和健康挑战（Lindenberg，1999；Lu & Zhao，2019；McCleary & Barro，2008；Stoddard，2012）。美国国际开发署通常采用合同和赠款等机制，从国际发展社会组织获得服务，以利用其社区联系和专门知识，而不是在内部实施发展方案（GAO，2002）。例如，在 2014 财年，美国国际开发署近一半的采购都流向了这些社会组织（Tarnoff，2015）。

本章的数据来自美国国际开发署的《从事海外救济和发展的志愿机构年度报告》。该报告根据该组织通过其年度注册流程提供的自我报告的财务信息（由经审计的财务报表支持）详细说明了在特定财政年度在美国国际开发署注册的每个社会组织的支出和收入信息。事实上，寻求与美国国际开发署合作的社会组织必须首先向美国国际开发署的登记处提出申请，并经过预筛选程序，以确定是否有资格竞争大多数美国国际开发署的资金。在此过程中，社会组织必须提交有关其法律、治理和财务状况的支持文件，然后接受美国国际开发署的审查，然后才能参加基于绩效的国际援助资金竞争。根据 2016 年的 VolAg 报告，2014 财年在美国国际开发署注册的社会组织有 485 家美国社会组织和 106 家国际社会组织，在这些社会组织中，38% 的注册社会组织通过合同、赠款和实物资助从美国国际开发署获得了总计 28 亿美元的支持。

我们获得了 VolAg 报告的访问权限，该报告提供了 1967 财年至 2014 财年注册社会组织的财务信息。为了确保我们样本中单位的可比性，我们只检查了美国的社会组织，根据美国国际开发署的定义，这些社会组织是根据美国法律组织的组织，总部设在美国。此外，由于与不同类型的政府资金（例如，合同、赠款和实物支持）相关的规则和程序可能不完全具有可比性（Eger & McDonald，2017），因此我们在这项研究中专注于政府合同。

从报告中提取所有数据后，我们通过以下方式清理数据。第一，我们去除了报告收入或支出项目负值（例如政府合同、管理费用和筹款费用）的观察结果。第二，我们排除了行政和筹款费用为零的观察结果，因为这些数据在文献中极具争议性，并且被认为是不可靠的（Krishnan et al.，2006；Tinkelman & Mankaney，2007）。第三，我们删除了代表组织在样本中包含的所有年份的政府合同为零的组织的观察结果，因为这些组织不会对政府合同的变化做出贡献（Andreoni & Payne，2003）。第四，我们使用消费者物价指数将所有财务数据调整为 2014 年的美元状态以减少通货膨胀的影响。在删除缺失数据后，我们在回归中使用的最终样本由 1036 个组织组成，在整个研究期间有 7360 个观测值。

遵循现有文献中的实践（e.g.，Ashley & Van Slyke，2012；Lu，2015；McCleary & Barro，2008），因变量，即政府合同，是通过组织的联邦政府合同总量（LOG 形式）来衡量的。关键解释变量，管理费用，计算为一个组织用于行政和管理活动的总费用的比例。管理费用的平方项用于检查管理费用与政府合同之间的非线性关系。此外，鉴于一个组织的收入结构受到其支出结构的强烈影响，根据以前的研究（e.g.，Ashley & Faulk，2010；Ashley & Van Slyke，2012；Chikoto & Neely，2014），还包括两个费用变量作为控制：计划费用（由组织用于国内和国际计划的总费用的比例衡量）和筹款费用（由组织用于筹款的总费用的比例衡量）。最后，我们控制组织规模的影响（以对数形式表示组织的总收入来衡量）。

表 6-1 和表 6-2 分别列出了分析中使用的所有变量的描述性统计量和相关性。报告百分位数信息而不是最小值和最大值的主要原因是这样

能使更好地显示变量的分布。特别是，因变量政府合同（百万美元）的平均值为1.04，中位数为1.08，并且在组织之间差异很大，第75百分位是第25百分位的27.1倍。关键的自变量管理费用的平均值为9.85，中位数为8.74，其分布相当平坦，第75百分位是第25百分位的3.37倍。管理费用和政府合同的相关性分析发现相关系数（r）为0.1403，这似乎暗示了这两个变量之间的正相关。

表6-1　　　　　　　　　描述性统计（N=7360）

变量	均值	中位数	第25百分位	第75百分位	标准差
政府合同（百万美元）	1.04	1.08	0.21	5.69	3.4
管理费用（%）	9.85	8.74	4.23	14.25	6.98
计划费用（%）	54.09	55.61	26.26	85.93	30.73
筹款费用（%）	3.89	1.72	0.08	6.14	5.04
组织规模（log）	16.07	15.98	14.71	17.42	1.89

表6-2　　　　　　　　　变量之间的相关性

变量	(1)	(2)	(3)	(4)	(5)
政府合同	1.0000				
管理费用	0.1403	1.0000			
项目费用	0.0805		−0.7937	1.0000	
筹款费用	−0.3056		−0.0137	−0.5530	1.0000
组织规模	0.1205	−0.2613	0.1983	0.0337	1.0000

表6-3　　　　　　　　　回归结果

变量	固定效应		随机效应	
	(1)	(2)	(3)	(4)
管理费用	0.0460* (0.0221)	0.0450* (0.0221)	0.0428* (0.0191)	0.0509** (0.0192)
（平方项）管理费用^2		−0.0014*** (0.0001)		−0.0015*** (0.0001)
项目费用	0.0344 (0.0218)	0.0332 (0.0218)	0.0270 (0.0188)	0.0273 (0.0188)

续表

变量	固定效应		随机效应	
	(1)	(2)	(3)	(4)
筹款费用	0.0215 (0.0065)	0.0242 (0.0065)	0.0223 (0.0063)	0.0236 (0.0062)
组织规模	0.5232*** (0.0410)	0.5201*** (0.0410)	0.7074*** (0.0270)	0.7052*** (0.0270)
常数	0.0939 (2.2253)	0.2730 (2.2221)	-2.0584 (1.8942)	-2.0452 (1.8923)
R^2	0.2101	0.2182	0.2201	0.2235
组织数量	1036	1036	1036	1036
样本量	7360	7360	7360	7360

注：因变量是 t 年对数形式的政府合同总量。所有右侧变量都取年份 $t-1$ 的值。组织固定效应和年份指示变量包含在每个回归中。括号中的是标准误差。* $p<0.1$，** $p<0.05$，*** $p<0.01$。

第三节 定量回归分析

我们进行了一系列回归分析，以进一步探索管理费用与政府合同之间的统计关系。遵循许多以前的研究（e.g., Ashley & Van Slyke, 2012; McCleary & Barro, 2008; Nikolova, 2015），所有右侧变量都采用 1 年的滞后来解决潜在的同时性问题，因为 t 年的财务收入很可能取决于 $t-1$ 年的财务支出。特别是，社会组织在 t 年的资助提案中包含的管理费用很可能基于组织在 $t-1$ 年的管理费用。这种处理还使我们能够更好地探索变量之间的因果关系。

我们使用固定效应和随机效应模型进行回归。表 6-3 给出了结果。首先采用不含平方项的数据来探索管理费用与政府合同之间的线性关联。第 1 列中的固定效应估计和第 3 列中的随机效应估计都发现管理费用与政府合同之间存在正线性关联，这表明随着社会组织增加管理费用，政府合同将会增长。然而，这两个关联的显著性水平仅为 10%，这似乎与 Ashley 和 Van Slyke（2012）关于两个变量之间弱线性关系的发现一致。

然后，我们通过第 2 列和第 4 列中包含的平方项来研究两个变量之间的非线性关系。豪斯曼检验生成了 p 值 0.0000，卡方值为 58.6，表明固定效应模型比随机效应模型更合适。因此，第 2 列中的回归结果代表了本章的核心结论。在控制了线性模型中控制的相同变量后，我们发现不仅线性项的系数保持正值且具有统计显著性，而且平方项的系数在统计意义上也显著。平方项的显著性水平为 1%。这一发现揭示了管理费用和政府合同之间的倒 U 形曲线。也就是说，社会组织的政府合同不会随着其管理费用的增长而持续增加。相反，当管理费用达到一定程度时，即使管理费用继续增加，政府合同也会下降。根据第 2 列中的固定效应估计，我们计算出当社会组织的管理费用达到 16.07% [i.e., -0 0450 2 0 0014. (.)] 时，转折就会发生。

表 6-4　　　　　　　　稳健性检查：3 年平均模型

变量	固定效应		随机效应	
	(1)	(2)	(3)	(4)
管理费用	0.0471*** (0.0112)	0.0999*** (0.0187)	0.0607*** (0.0096)	0.0998*** (0.0157)
管理费用^2		-0.0032*** (0.0004)		-0.0032*** (0.0004)
项目费用	0.0402*** (0.0061)	0.0483*** (0.0067)	0.0425*** (0.0055)	0.0452*** (0.0055)
筹款费用	-0.0104 (0.0065)	-0.0121 (0.0065)	-0.0221*** (0.0060)	-0.0218*** (0.0060)
组织规模	0.5972*** (0.0261)	0.6821*** (0.0305)	0.7195*** (0.0201)	0.7274*** (0.0201)
常数	-4.1064*** (0.8670)	-3.5615*** (0.8042)	-5.6652*** (0.7607)	-6.1751*** (0.7672)
R^2	0.2036	0.2121	0.2102	0.2230
组织数量	1036	1036	1036	1036
观察	7360	7360	7360	7360

注：因变量是 t 年对数形式的政府合同总量。所有右侧变量都取 t 年、$t-1$ 年和 $t-2$ 年处观测值的平均值。组织固定效应和年份指示变量包含在每个回归中。* $p<0.1$，** $p<0.05$，*** $p<0.01$。

第六章 国际发展中政府与社会组织的关系研究：基于管理费用的视角

我们进行了两项额外的测试，以检查我们研究结果的稳健性。首先，尽管我们使用1年滞后模型来探索这种关系，但可以说社会组织收到政府合同可能会受到社会组织之前超过1年的财务活动和绩效的影响。例如，在准备资助提案和计算管理费用时，社会组织可能不仅使用前一年的成本信息，还会考虑前几年的成本信息。此外，为了评估社会组织的绩效，公共管理人员可能会检查长期趋势，这比一年的数据更可靠。为了进一步探索这种可能性并测试我们研究结果的稳健性，我们使用3年移动平均值（即当前年份 t 和前两年的值的平均值，$t-1$ 和 $t-2$）来测量我们的解释变量。我们认为，3年可以代表一个长期的时期，用以捕捉一个组织的财务波动随时间的变化。因此，3年平均值可以帮助解决组织财务状况的激增和衰退。表6-4中3年平均模型的结果表明，线性项的系数在统计学上显著（$p<0.01$）和正，平方项的系数在统计学上显著（$p<0.01$）和负。换句话说，社会组织收到政府合同将首先增加，因为它们扩大了管理费用以满足资金要求，但当它们的管理费用达到一定门槛时，就会减少。豪斯曼检验报告的 p 值为0.0000且卡方值大于76.2，从而表明固定效应估计更可靠。使用固定效应估计，我们确定当管理费用达到15.61%［即-0 0999／2（-0.0032）］时，转折点发生。

其次，我们知道以前的模型可能会引起对回归者内生性的关注，这可能会对估计结果产生偏见。为了解决这个问题，我们还采用一般矩量估计方法（General Method of Moments，GMM）来检查我们研究结果的稳健性。计量经济学文献表明，GMM可以成为解决回归者潜在内生性的良好规范方法（Arellano & Bond，1991；Roodman，2009）。在我们的完整规范中，Sagan/Hansen J 检验的 p 值为18%，表示无法拒绝工具有效性的原假设。二阶序列相关检验 Arrellano-Bond 检验的 p 值为20%，表明不能否定无自相关的原假设。可见，GMM估计是本章数据的有效方法。GMM估计的结果在表6-5中报告。在第2列中，线性项的系数在统计意义上显著（$p<0.05$）且为正，而平方项的系数在统计意义上显著（$p<0.01$）且为负。换句话说，GMM估计也证实了管理费用与政府合同之间的倒U形关联，当管理费用为17.59%时，临界点出现［即-0.07392／2（-0.0021）］。

综上所述，不同的模型共同说明社会组织的管理费用水平与其政府合同金额之间的关系是曲线的，遵循倒 U 形模式。临界点为当管理费用达到总费用的 16% 至 18% 时，会出现倒 U 形曲线。

表 6-5　　　　　　　　　稳健性检查：GMM 模型

变量	(1)	(2)
政府合同（滞后）	0.6854*** (0.0812)	0.6948*** (0.0838)
管理费用	0.0705*** (0.0224)	0.0739** (0.0307)
管理费用^2		-0.0021*** (0.0007)
项目费用	-0.0015 (0.0183)	0.0164 (0.0179)
筹款费用	-0.0119 (0.0079)	-0.0008 (0.007)
组织规模	0.3234*** (0.1052)	0.04355*** (0.1010)
组织数量	692	692
样本量	4880	4880

注：因变量是 t 年对数形式的政府合同总量。所有右侧变量都与表 6-3 中的固定效应和随机效应模型相同，只是包含滞后因变量。矩量（GMM）估计的一般方法是通过滞后政府合同的先差指定。模型 1 和模型 2 中 Sagan/Hansen J 检验的 p 值分别为 22% 和 18%，表明估计值不能否定仪器有效性的原假设。在模型 1 和模型 2 中，二阶序列相关检验 Arellano-Bond 检验的 p 值分别为 26% 和 20%，表明无法否定无自相关的原假设。因此，根据这些测试，没有发现规格和估计的严重问题。我们还使用 2 年的滞后值进行了敏感分析，并且模式通常相同。括号中的是标准误差。* $p<0.1$，** $p<0.05$，*** $p<0.01$。

研究结论与讨论

在过去的几十年里，社会组织越来越多地通过各种金融机制参与政府资助服务的提供。多年来，这种新的治理模式通过不同的视角吸引了学术界的大量关注。然而，在不断增长的文献中，非营利性管理费用对政府来源选择的影响在很大程度上仍不清楚。以前的文献提出了不同的论点，但没有强大而一致的实证支持。因此，我们的研究以新的理论框架和经验证据扩展了现存文献。我们认为，政府合同决定涉及效率和质量的平衡，这意味着价格和质量考虑都不能单独主导来源选择。从更平衡的角度看，我们提出了社会组织的管理费用水平与其政府合同金额之间的倒 U 形关系。我们的数据有力地支持了这一假设：随着社会组织管理费用的增加，其政府合同最初将增加（由于质量问题），但在一个临界点之后，其管理费用约占总费用的 16% 至 18%，社会组织的管理费用进一步增加会减少其政府合同（由于价格问题）。总而言之，我们的研究扩展了关于政府—社会组织资助关系的认知。

这项研究对公共管理和非营利管理都有实际意义。在公共管理方面，政府在提供服务和政策实施方面严重依赖非营利承包商，这突出表明了合同管理对于确保高质量结果的重要性（Kelman, 2002; Kettl, 1993）。当从社会组织获得服务时，为了最大限度地提高用于项目的资金比例，政府可能会设定很高（有时是不切实际的）期望，以推动社会组织降低管理费用。一种广泛使用的做法是设定上限，严格限制可用于行政目的的资金百分比（Berlin et al., 2017; GAO, 2010）。这种对政府采购效率的强调导致社会组织忽视了其基础设施和运营的改善，这进一步损害了它们的组织效率和服务质量。本章表明，公共管理者可能需要重新评估这些限制是否低于合理的管理费用，而这些成本是社会组织提供优质服务并作为有能力的承包商发挥作用所必需的。更重要的是，除了提醒公共管理者关于管理费用上限之外，我们还建议，设定最低管理费用率，来告知社会组织作为合格服务提供商所需的管理费用。我们发现，平均而言，联邦机构最有可能为管理费用比为 16% 至 18% 的社会组织提供资金。本章并不认为存在一个确定的最佳利率，因为供资机构面临着不同的政策环境，但我们鼓励公共管理人员重新考虑他们的政策和做法。

在社会组织管理方面，由于政府是非营利部门的一个主要资助者，因此获得政府资金和管理与政府的资助关系已成为社会组织经理面临的关键挑战。传统观点认为，政府更喜欢低廉的管理费用。因此，社会组织通常会进行"逐底竞赛"，竞相降低管理费用，并在资助提案中报告较低的管理费用（Gregory & Howard，2009）。我们的发现为社会组织管理层提供信息：政府在订约决定中并不总是追求最低的管理费用，只有当社会组织有必要履行合同义务的能力时，政府才倾向于降低管理费用。因此，社会组织在基础设施和运营上的支出太少，是不太可能获得政府合同的。我们的研究结果表明，管理费用比率为16%至18%的社会组织是资助机构最青睐的。换句话说，在人员配备和基础设施方面进行了合理投资以履行其使命的社会组织在政府支持的竞争中处于更有利的地位。社会组织还可以利用其合理的管理费用为提案提供资金，以表明它们作为合格承包商的潜力。

在与政府合作的同时，社会组织需要经常与资助者就管理费用问题进行沟通。以前的文献强调，政府—非营利性合同通常遵循谈判方法，其中关系性的交换在促进合同执行方面起着重要作用（Amirkhanyan et al.，2010；Sclar，2001）。因此，社会组织的管理者应该让政府官员意识到，任何合同交换都是价格和质量的平衡，他们的工作关系是互惠互利的，而不仅仅是交易性的。与此同时，资助机构需要支付有效运行政府项目和维持社会组织作为高绩效合作伙伴的能力所需的管理费用的公平份额。通过这些沟通，社会组织发挥了教育作用，敦促公共管理人员重新考虑他们现有的政策和做法是否会激励社会组织代表政府提供优质服务（Lu，2018）。Berlin等（2017）报告说，除非这些问题是由社会组织提出的，否则公共管理人员通常没有意识到政府合同过程中的管理费用问题。

值得注意的是，本章存在一定的局限。第一，我们不能完全排除在VolAg数据中误报的可能性，尽管社会组织在美国国际开发署注册中提供的自我报告的财务数据必须与经审计的财务报表一致，这些财务报表被认为更可靠。鉴于有文件证明社会组织可能会错误地报告效率比率以增强感知合法性（Krishnan et al.，2006；Parsons et al.，2017），对我们结果的解释应该谨慎进行。第二，VolAg数据提供了有关注册社会组织活动的收入和支出明细的丰富信息，但它们没有提供有关在海外运营的社会组织的组织特征和当地条件的信息。通过这种方式，该研究可能会受到省略的可变偏差的影响。第三，我们的分析建立在组织层面而不是合同层面。因此，我们只能探索社会组织的管理费用与其政府合同金额之间的关联，以确定平均"最佳"的管理费用比率。但是，我们确实认识到管理费用可能因合同而异。第四，我们的研究结果基于国际发展社会组织的数据集，由于不同的政策领域涉及不同的政策和资源环境，因此无法保证能够将其推广到其他政策领域的社会组织。我们欢迎未来的研究使用其他非营利性环境中更细致的数据来复证我们的发现。

总而言之，这项研究加深了我们对政府与社会组织之间资助关系的理解。它通过证明社会组织的管理费用与接收政府合同之间的非线性关系，并通过为公共和非营利性管理提供管理意义，以解决政府合同过程中管理费用疑难的问题，丰富了相关文献。

第七章 国际发展中政府与社会组织合作效果的比较案例研究*

政府与社会组织合作的模式具有差异性,不同国家在同一对外援助目标下其援助项目往往会具有自身特定的"风格"。本章选择美国国际开发署和日本国际协力机构具有高度代表性的项目作为案例,通过对两个案例的环境背景、社会组织水平、项目条件的框架分析政府与社会组织的合作模式。

由于美国援助项目评估报告格式标准化程度较低,援助结果少有清晰的评级,其可采用的案例少于格式统一、评级明确的日本案例,本章选取了 USAID、JICA 两个具有高度代表性和可比性的项目进行案例研究。对于日本,本章选择了 JICA 在不丹王国进行的地方治理和权力下放项目,该项目侧重于不丹王国加强基层提供公共服务的能力,计划项目时间为 2004 年 3 月至 2006 年 10 月。对于美国,本章选择了 USAID 2014 年至 2018 年帮助尼日利亚加强宣传和公民参与的项目。

本章选择这两个项目是基于以下考虑。

一是这两个项目皆旨在加强受援国政治环境,且都为权力下放:JICA 的项目将权力下放给地方基层,提高地方政府官员的工作能力,从而有助于加强基层提供公共服务的能力;USAID 的公民参与指的是公民和利害相关的个人或组织参与公共决策的"一种制度化的公众参与民主制度"(蔡定剑,2009),项目的目的是加强民间社会组织的体制、组织和技术能力,以推进民主和良好治理举措。

---

* 本章由潘欣茹和赵剑治撰写。

二是这两个案例在前文所述分析框架下能典型地代表日、美两国不同的援助特点。在 JICA 的项目宏观背景上，不丹的治理水平在世界银行全球治理指标（World Governance Indicators，WGI）中 6 项指标的平均值为 0.260，完全隶属于高受援国治理水平；合作的社会组织仅明治大学，虽专业度高，但多样性匮乏；项目本身时长为 32 个月，用时较短；投入 269 万美元，资金较为匮乏。在 USAID 的项目宏观背景上，尼日利亚的治理水平在 WGI 中 6 项指标的平均值为 -1.1，隶属于低受援国治理水平；主要实施本项目的社会组织为国际咨询公司 Chemonics International（CI），在实施过程中，CI 为项目确定和选择了多个尼日利亚公民社会组织合作伙伴，因此这个项目的社会组织具有较强的多样性，但实施过程中未有大学和研究所的介入，因此专业性较弱；项目本身时长为 60 个月，用时较长；投入超 1900 万美元，资金较丰富。

因此，本章选取的两个案例具有可比性和代表性。

第一节　日本国际协力机构案例：地方治理和权力下放项目

JICA 对外援助历史悠久，且记录在案的援助报告提供了定量研究的系统数据。本章选取了 2004 年 3 月至 2006 年 10 月不丹内政和文化事务部牵头在不丹实施的地方治理和权力下放项目。

一　项目背景

20 世纪 80 年代以来，不丹王国政府促进了地方分权，并改革了地区和街区层面的立法框架，如成立了地区发展委员会和街区发展委员会，以促进人民参与决策过程。虽然已经有了立法框架，但权力下放的进程仍处于过渡阶段。为了在该国实现有效的权力下放制度，必须应对以下挑战：（1）在实施相关法律时建立实际指导方针和标准操作程序；（2）与相关政府部门和机构的协调；（3）为地方政府设立自由支配基金；（4）地方政府官员能力建设。针对上述四个挑战，日方决定：

（1）在实施 2002 年 GYT 法案和 2002 年 DYT 法案中建立实际指导方针和标准操作程序；① （2）做好与相关政府部门和机构的协调；（3）为地方政府设立自由支配基金；（4）落实地方政府官员能力建设。

2004 年 3 月，以不丹内政和文化事务部为实施机构，以明治大学、内部事务及通信部为合作机构，进行了为期 32 个月、投入资金共 2.96 亿日元（约 269 万美元）的不丹援助项目。该项目旨在为不丹在规划、实施和监察地区分类财政补贴制定一个制度性框架，并通过在三个目标地区（Haa、Bumthang、Trashigang 和 25 个小村庄）的试点项目对其实施作出必要安排，以此提高地方政府官员（包括当选的地方政府官员）的工作能力，从而加强基层提供公共服务的能力。

本项目完成后，通过本项目二期（2007—2010 年）和三期（2010—2014 年）的实施，进一步扩大项目成果。考虑了第二阶段和第三阶段的最终评价结果，以便通过这种事后评价来验证项目效果的影响和可持续性。

二　项目实施

此项目确实地建立了一个规划和实施整体奖助金的模式，并在三个试验区内发挥作用。三个试点地区的 GYT 成员、街区工作人员和社区成员能够利用街区奖助金解决社区成员的迫切需求。然而，由于项目周期很短，几乎无法执行和完成两个周期的试点项目，因此，在项目完成之前，无法建立一个有效的模式来监测整笔赠款的执行情况，以确保整笔赠款对社区的益处。该项目在当地积累了宝贵的经验，如自下而上规划过程的效果，有望用于完善第十个五年计划（2008—2013 年）下的国家整体资助制度。与此同时，还需要作出更多努力，系统地审查和巩固所吸取的重要经验和教训，以便在第十个五年计划之前完善整体赠款的框架和制度。

---

① DYT 从 2007 年起取代 Dzongkhag Tshogdu（DT），负责建设地区医院和支线公路，提供通信服务，编制城镇发展计划、森林管理计划和农村电气化计划。GYT 从 2007 年起取代 Gewog Tshogde（GT），负责规划、实施和监测 Gewog（一组小村庄）各自的下列发展项目，如供水、灌溉、农场道路和桥梁、外展诊所、社区小学等。

项目完成后，试点地区的 DYT 和 GYT 成员根据项目完成后建立的模型，利用政府提供的预算，继续规划、实施和监控各自的发展活动。建立了包括公共支出管理系统（PEMS）、规划监测系统（PLUMS）和多年滚动计划预算（MYRB）在内的国家监测评价体系，以及旨在将预算与目标、实时监控和问题解决相一致的政府绩效管理系统（GPMS）。因为项目建立的模式是有效的，政府部门采取了各种行动，将项目的经验反映在国家权力下放战略中。例如，《2009 年不丹地方政府法》于 2009 年 9 月 11 日颁布，于 2010 年 3 月 15 日生效，并于 2014 年 12 月 4 日进一步修订。此外，通过该项目取得的经验、在满足人民需求方面更大的灵活性、发展 GYT 的领导能力、通过自下而上的规划实现更大的参与等，都有助于起草《地方政府法》。2010 年，政府部门制定了《地方政府年度非经常性资金资助指导意见》。关于政府部门采取的一系列措施，政府部门提到了日本国际协力机构、联合国资本发展基金和联合国开发计划署在 2008 年进行的"整体赠款试点项目的经验教训"研究。2012 年，通过项目二期和三期的实施，作为地方政府官员能力建设项目，ICBP[①]框架得以形成并制度化。为 GYT 会员提供的 10 门培训课程被确定为标准化模块。虽然项目已编制了培训日历，但由于政府部门预算不足，所有培训课程都未能如期交付。不过其中一些如介绍课程和地方政府领导的课程，已由其他捐助者支持，如地方治理支持计划（LGSP）。

三 总体评价

在该项目宏观背景上，不丹的治理水平在 WGI 中 6 项指标的平均值为 0.260，完全隶属于高受援国治理水平；合作的社会组织仅明治大学，虽专业度高，但多样性匮乏；项目条件本身，时长为 32 个月，历时较短；投入 269 万美元，资金较为匮乏。

从最终结果来看，本项目虽只实现了部分项目目的：已经建立了一个规划和实施整体奖助金的模式，并在三个试验区内发挥作用，但是在

---

① ICBP 是一个人力资源开发项目，由地方治理部发起，作为一套标准的培训模块，为地方政府官员在战略发展规划培训，以及为街区负责人和职员在综合管理、办公室和财务管理上培训。

项目完成之前无法建立一个监测整体奖助金执行情况的系统。但项目已达到总体目标：项目完成后，当地积累了从项目中吸取的经验和教训，用于制定 2008 年全国 205 个街区的年度基本建设拨款制度化、2009 年《不丹地方政府法》和 2010 年《地方政府年度基本建设拨款指南》。通过第二阶段和第三阶段的实施，推动了 ICBP 框架开发和制度化，当地政府官员关于可持续性服务的交付加强了公共行政和管理能力，没有在政策、制度、技术和财务方面观察到问题。综上所述，该项目被评价为非常令人满意。

该项目充分反映了日本少投入、专业化、高效率的对外援助思路。

第二节　美国国际开发署案例：加强民众参与

美国对外援助历史悠久，项目资助的丰富程度与公开透明程度极高。USAID 的资助项目数量庞大、名目多样，涵盖各类国家和各类领域。尽管资助项目的信息量非常庞大、申请程序严格规范且竞争激烈，但美国国际开发署官网指引清晰、信息透明，在使用上对社会组织申请者而言较为友好，从大的政策框架的理解到具体的细节（比如如何阅读国际开发署的业务预告报告的每一列）都有详细的解释。本章选取了 USAID 2014 年至 2018 年帮助尼日利亚加强宣传和公民参与的项目。

一　项目背景

2013 年 12 月，美国国际开发署授予位于美国国际咨询公司 Chemonics International（CI）一份为期五年、价值 1930 万美元的合同，以帮助尼日利亚公民社会在国家、州和地方各级影响关键民主改革的制定和实施。

该项目的主要目标和目的为加强民间社会组织（CSOs）的体制、组织和技术能力，以推进民主和良好治理举措。执行工作包括加强民间社会组织网络和政府机构之间的伙伴关系；确定主要利益攸关方，以倡导和监督建立政府机构透明度、问责制和反应能力的具体民主改革；加强公众对关键民主治理问题的认识、讨论和支持；加强尼日尔三角洲地区商业成员组织和公民社会组织倡导包容性经济改革和公平经济增长的能力。在尼日尔三角洲地区，这些目标将通过与美国国际开发署的战略伙伴、雪佛龙下属的尼日尔三角洲伙伴关系倡议基金会（PIND）密切合作来实现。

为了实现这一目标，同时提高公民在治理中的参与度，该项目将发展至少6个选定的尼日利亚组织的能力，其中一个侧重于妇女参与决策，另一个侧重于残疾人的参与，从而使组织能够在4年后获得美国国际开发署的资助。

二 项目实施

2014年1月2日至2019年1月1日，SACE的活动支持公民社会提高参与和效能，以影响服务于公民利益的公共机构。这是通过正式或非正式的民间社会联盟和网络与尼日利亚社会其他关键利益攸关方之间的战略伙伴关系实现的。后者包括媒体、具有改革意识的政府机构或代表、私营部门行动者、有影响力的公众人物、基层组织、专业协会和青年团体。该活动还明确让妇女、青年和残疾人等边缘化群体参与这一进程，并强调领导和创新的重要性。

活动支持了8个国家议题组/联盟/网络，每组都有一个核心的民间组织，为核心倡导问题采取集体行动提供基础，并促进参与组织的努力。这些国家联盟与七个尼日尔三角洲公民社会组织及其在尼日尔三角洲经济发展和增长问题上的小组、三个尼日尔三角洲部落组织共同运作。

SACE在实施过程中取得了许多成就，并在结束后继续表现良好。机构能力的提高与政策改革的重要成果相匹配，有利于弱势群体、预算透明度、教育和卫生等方面的改善。这些成就包括提高主持人的组织能力和集群的宣传能力，在尼日尔三角洲设立石油生产发展委员会（Oil Producing Areas Development Commisson，OPADCs），更多地纳入市场妇女和残疾人等边缘化群体，向翁多州的妇女农民提供更多资金等。

三 总体评价

该项目宏观背景上，尼日利亚的治理水平在WGI中6项指标的平均值为-1.1，隶属于低受援国治理水平；主要实施本项目的社会组织为国际咨询公司 Chemonics International（CI），在实施过程中，CI 为项目确定和选择了多个尼日利亚公民社会组织合作伙伴，因此这个项目的社会组织具有较强的多样性，但实施过程中未有大学和研究所的介入，因此专业性较弱；项目本身，时长为 60 个月，历时较长；投入超 1900 万美元，资金较丰富。

从最终结果来看，根据经济及社会发展委员会审查的证据，SACE 在实施过程中取得了许多成就：成功地提高了社会组织的组织能力和宣传能力，且项目技能和相关工具将继续用于政策改革的宣传；增加边缘人口的参与，帮助制订有利于他们的政策改革，促进了妇幼保健、教育、预算透明度、边缘化的女农民和摊贩以及其他部门的许多改革……并且，在 SACE 结束后持续产生效果。这些能力的提高与有利于弱势群体的重要政策改革、预算透明度、教育和卫生以及其他政策成就相匹配。但是，在建立管理赠款的行政和财政能力方面，组织能力培训只是部分成功，所提供的培训数量不足以使一些公民社会组织达到所期望的能力水平，必须在较长的时间内提供进一步的培训，以克服组织方面的缺陷。综上所述，SACE 模型和方法已达到预期结果，为经济发展和整体政策改革做出了贡献，带来了更多的区域发展，建立了公民社会组织和政府之间未来交往的基础。该项目被评价为非常令人满意。

该项目充分反映了美国多种类型社会组织共同参与促进高效率的对外援助思路。

通过上述的案例描述与评价可以看出美国、日本的高水平对外援助项目效果的驱动路径存在明显的差异化，日本走"专业化"道路，美国走"多合作方"的道路。在对外援助项目有效性的主流视角下，美、日与社会组织合作推进对外援助项目是否真的存在差异？如何促进其对外援助项目的有效性？是否存在与援助有效性相关的关键因素？这些问题都有赖于进一步的系统分析与实证证据的支持，在下一章中我们将对这些问题进一步解答，探究政府与社会组织绩效的决定因素，从中为中国政府的对外援助实践提供政策建议。

第八章　国际发展中政府与社会组织合作效果的决定因素研究*

对外援助既是一国外交战略的重要手段，也是促进联合国可持续发展目标（SDGs）的重要方式。第二次世界大战后，由传统发达国家尤其是经合组织发展委员会成员国主导的对外援助逐步走向了规范化、制度化。由于国际援助事务的复杂性、环境的多样性和对象的多重性，发达国家在对外援助系统中逐步引入社会组织，积极支持各类社会组织开展对外援助工作，社会组织在对外援助中的角色正不断得以强化。近几十年，经合组织国家对社会组织的资助占双边官方发展援助的比重不断上涨：从 1975 年的 0.7% 到 2019 年的 12.7%，高达 186 亿美元，并且数额仍在继续上升。① 通过与社会组织合作开展对外援助，能够实现两方面的政策目标：一方面是提升国家对外援助的有效性，社会组织参与对外援助可以发挥专业性、在地性和灵活性等方面的优势；另一方面是让社会组织成为国家对外援助的助手，在不方便介入、不必要出面的事务上授权予合作组织，确保对外援助工作的有机开展和落实。美国国际开发署前署长安德鲁·纳齐奥斯（Andrew Natsios）曾明言："社会组织是政府的手臂，其在海外的行动必须清晰地与政府联系起来。"② 受到政府资助的社会组织尤其是本国的社会组织，在很多情况下是国家偏好直接或

---

* 本章由潘欣茹和赵剑治撰写。
① OECD, Aid for Civil Society Organizations, 2021.
② Paul Nelson, "NGOs in the Foreign Aid System", in Louis A. Picard, Robert Groelsema & Terry F. Buss (eds.), *Foreign Aid and Foreign Policy: Lessons for the Next Half-century*, London: Routledge, 2015, p. 315.

间接的延伸，成为国家战略的实施者（刘力达、蔡礼强，2021）。

因此，研究发达国家如何与社会组织更好地合作以达到良好的对外援助项目效果，寻求与怎样的社会组织合作，给予多大的资助规模以及项目时长等一系列问题，不仅有助于深入理解政府与社会组织在对外援助领域的互动机制，对于不断扩大对外援助规模、因国际影响力不断提高而亟待完善对外援助体系的中国来说，还具有较高的借鉴意义和实践意义。

美国和日本不仅分列世界第一和第三大经济体，而且一直都是经合组织发展委员会前五大对外援助国中的两个。其中，美国是全球最大的民间社会支持者，2010年至2019年为加强民间社会的力量共投入71亿美元。[①] 而日本也是在第二次世界大战结束后不久便开始了对外援助，作为一个被国际社会限制不能采用军事手段的国家，对外援助成为日本重要的外交武器。时至2018年，日本依然是世界上至关重要的援助大国，是亚洲第一个加入经济合作与发展组织（OECD）的经济体，也是亚洲第一个加入OECD发展援助委员会（DAC）的经济体。在一个主要由欧美国家组成的国际援助组织里，日本的地位举足轻重。20世纪90年代日本更是短暂超越美国成为世界第一大援助国。

根据经合组织发展委员会的报告，日、美两国均对社会组织参与对外援助给予了大量的资金援助（见表8-1），这些援助资金主要用于支持本国的社会组织，并发挥了重要的作用。一方面对于中小型社会组织的发展来说，这些资助能够支撑不同工作领域的社会组织开展国外活动。另一方面，国家通过设置资助资金在不同类型项目中的分配比例、资助条件与要求等，引导社会组织的海外行动与国家战略的偏好趋近，进而更好地实现国家对外援助的目标（刘力达、蔡礼强，2021）。

表8-1　　2015—2019美、日、英、法、德各国对民间社会组织的官方发展援助　　（单位：百万美元）

国家	2015年		2016年		2017年		2018年		2019年	
美国	7575	30986	7816	34421	7403	34732	6840	33787	6541	32981

---

① OECD（2021）. doi: 10.1787/33346549-en.

续表

国家	2015年		2016年		2017年		2018年		2019年	
日本	307	9203	262	10417	271	11462	224	10064	230	11720
英国	2378	18553	2228	18053	2443	18103	1999	19462	2044	19354
法国	215	9039	223	9622	280	11331	355	12840	499	11984
德国	1161	17940	1437	24736	1581	25005	1611	25670	1724	24122

注：每个国家单元格左侧为官方发展援助直接资助社会组织（to CSOs）[1] 或通过资助社会组织（through CSOs）[2] 开展援助的金额，右侧为该国家对外发展援助资助的金额总数。

资料来源：OECD, Aid for Civil Society Organizations, 2021。

此外，美国与日本在对外援助上又存在一定的差异。尽管经合组织成员国都普遍对社会组织进行资助，但是其比例和方式存在较大的异质性。由图 9-1 可知，从支持资金占双边援助的比例来说，美国占比较高，为 20%，而日本对社会组织的资金支持在双边援助中的占比相对较低，为 2%。尽管日本是 OECD-DAC 体系中的重要援助大国，但受制度环境、经济发展、文化历史、资源禀赋等方面的影响，在日本与美国的比较中，可以总结出三个贯穿两国对外援助始终的差异（赵剑治、欧阳喆，2018）。

第一，美国作为全球超级大国，基于不同的国际形势和利益需要，其援助重点经常变换——从东南亚到中东、非洲等。而日本尽管 2003 年以来对非洲的援助大幅上升，但东南亚地区一直都是日本对外援助的基地和大本营。东南亚地区对于日本的经济和安全至关重要，日本一直是东南亚国家极为重要的经济伙伴，在推动东南亚地区区域一体化进程中也发挥着重要的作用。

第二，在美国的对外援助中，健康、教育等的社会基础设施与服务一直都是重点，而在日本的援助结构中，最大的重点始终是经济基础设施与服务。日本对外援助初期探索出来的所谓"日本模式"就一直被视作其经济发展的强大助力。在后来日本谋求更多政治影响力时，尽管日本着力提高对外援助的多元化，但是对经济部门的援助并未大幅减少，

---

[1] to CSOs：对项目方案进行资金支持，这些援助资金由社会组织规划使用。

[2] through CSOs：通过社会组织和其他私人机构提供的资金，用于实施捐助者发起的项目（专用资金）。

对生产部门、经济基础设施和服务部门的 ODA 总和依然长期接近 70% 的比例。

第三，日本作为第二次世界大战中的战败国，政治地位与经济实力的不匹配是日本与美国相比最大的特点。随着经济的不断发展，在 20 世纪 80 年代日本表露要提高国际影响力想法之后，对外援助就与日本的政治崛起紧密配合。成为政治大国的理想也将长期成为理解日本对外援助的重要因素。

因此，分析美国和日本政府如何有效发挥社会组织在对外援助系统中的作用，分析美、日两国与社会组织合作路径的异质性，对于理解发达国家的对外援助实践极具重要性，同时也有助于借鉴其经验来完善中国的对外援助政策，挖掘中国社会组织在对外援助中的重要潜力，提高对外援助项目的有效性。

如何提高对外援助项目的有效性一直是对外援助理论与实践领域的核心问题。20 世纪 60 年代，发展经济学家如阿瑟·刘易斯（Arthur Lewis）、沃尔特·罗斯托（Walt Rostow）认为资本积累不足是导致发展中国家贫困的主要原因，相信国际援助补充资本缺口、改善收支状况将有助于发展中国家摆脱贫困。然而 70 年代发展中国家贫困人口持续增长，经济状况并未好转，例如发达国家对外援助的主要试验场——非洲国家，它们接受了最多的国际援助，但其经济发展水平同世界其他地区的差距却越拉越大。此时兴起的新增长理论指出，在没有技术进步的情况下，生产要素的投入对经济产出的作用递减，即只有提高劳动生产率，才能推动经济持续发展。20 世纪 90 年代的主流理论则认为，援助有效性是有条件的，受援国的国内制度和政治环境是影响援助有效性的关键因素。进入 21 世纪，两位世界银行的经济学家 Burnside 和 Dollar（2000）在对 10 个非洲国家的援助效果比较中发现，援助在政策环境较好的国家对经济增长的作用是锦上添花，而在政策环境差的国家则是火上浇油。也有学者认为，援助的有效性并非只推动受援国经济增长，而是防止受援国经济崩溃，因为援助的不稳定会影响欠发达国家的政治稳定，引发冲突（Collier & Hoeffler，2004；Mesquita & Smith，2009）。两位印度经济学家实证研究没有发现任何证据表明对外援助在更好的政策

第八章 国际发展中政府与社会组织合作效果的决定因素研究

或地理环境中效果会更好，也没有发现某些形式的援助比其他形式的援助效果更好（Rajan & Subramanian，2008）。中国学者同样实证研究了1960—2013年间官方发展援助同发展中国家经济增长之间的关系，发现两者之间没有显著的相关性（郑宇，2017）。但这些研究大多聚焦受援国或者援助国，并没有针对对外援助项目中政府与社会组织进行研究，比如缺乏对政府与社会组织之间的合作方式、项目条件等变量对援助效果的影响的探讨。此外，现有对外援助研究缺乏对核心条件及其组态的分析，不能系统揭示多要素互动的复杂运行机理。

在复杂的政策实行中，"组态视角"被广泛用于理解政策结果背后的因果复杂性。组态视角认为"组织最好被理解为相互关联的结构和实践的集群而非分单元或者松散结合的实体，因而不能以孤立分析部件的方式理解组织"。由于不同因素对对外援助项目效果的影响并不独立，它们之间会通过联动匹配产生不同组合影响对外援助项目效果。组态分析采取整体和系统的分析思路，也即案例层面的组态而非单个自变量被用来分析结果（如项目效果）。组态分析的多维度、整体性特征使其具有分析公共政策等问题的优势，如政策研究关注环境、结构与政策活动如何匹配以实现更优的结果。因此，借助"组态视角"开展研究，有助于深化对美、日两国与社会组织对外援助合作项目背后复杂机理的理解（Fiss，2007；Miles et al.，1978；杜运周、贾良定，2017）。

本章基于美、日与社会组织合作推进对外援助项目的实践背景，运用定量回归模型与模糊集定性比较分析（Fuzzy Set Qualitative Comparative Analysis，fsQCA）方法，通过援助国与被援助国宏观环境、合作的社会组织水平、项目条件（资金、时长）三方面因素对对外援助项目结果的影响，识别出政府与社会组织在对外援助上的合作效果提升的驱动路径。具体地，本章将试图回答以下三个问题：（1）哪些条件因素有助于提升政府与社会组织合作在对外援助中的效果；（2）在这些因素中，是否有着更为重要的核心条件；（3）美国和日本政府与社会组织合作的对外援助项目模式是否存在差异。

本章基于美、日共100个与社会组织合作的对外援助项目的实践案例，探讨影响社会组织合作的对外援助项目效果差异化的条件组态与影响机理。本章相对于已有研究主要做了如下贡献。

第一，长期以来，传统的关于援助效率的研究聚焦于援助方与受援国的国内政治与行政体制。本章从"组态视角"出发，基于宏观—合作方—项目的分析框架，分析了国家层面、合作方水平、项目本身等多重条件在推动对外援助项目效果上的并发协同效应与联动匹配模式，将对外援助项目问题研究从关注援助国、受援国治理水平等单个变量视角转向宏观背景、合作方水平、项目条件联动作用的整体和组合视角。

第二，本章首次将 fsQCA 方法引入对外援助项目问题的研究，这不但丰富了对外援助领域的研究方法工具箱，还为政府推动对外援助项目背后各条件之间的复杂互动和因果不对称提供了一种整体的视角。

本章有助于拓宽对外援助中政府与社会组织合作的相关研究的视角，并加深对政府如何提升与社会组织合作执行对外援助项目效果的驱动路径与作用机理的理解，推动对外援助项目的效率与效果，有助于借鉴其经验来完善中国的对外援助体系，发挥中国社会组织在对外援助中的重要潜力。

第一节 文献综述与分析框架

本章基于美、日政府与社会组织合作的对外援助项目的实践情况，探讨政府如何提升与社会组织在对外援助项目合作中的效率与效果，本论文研究有助于拓宽三个领域的文献前沿。

一 援助有效性

发展援助的有效性问题一直争议颇多，形成观点相左的两派意见。OECD 官网的年度报告及援助项目报告的数据显示，发展援助基本达到了预期的目标，完成了援助任务，认为援助有效。而学者基于不同学科视野和受援国基于不同视角得出的结论却可能完全相反，认为援助无效。Mosley（1986）将援助的有效与无效之争概括为"宏观与微观矛盾"，即大量的微观层面的实证研究表明援助确实发挥了作用,特别是在卫生、医疗、基础设施等领域。但在宏观层面,尤其是国别的层面,援助的效果更为复杂,实证研究难以在宏观层面得出统一的结论。

国外关于援助有效性的讨论发展演变大体如下(赵剑治,2018)。

20世纪60年代,发展经济学家如阿瑟·刘易斯(Arthur Lewis)、沃尔特·罗斯托(Walt Rostow)认为资本积累不足是导致发展中国家贫困的主要原因,相信国际援助能有效帮助它们获得制造业投资所需的资金,而制造业将显著推动经济增长,因此国际援助的好处显而易见。

尽管传统的以欧美方式为主导的国际发展援助在第二次世界大战后至60年代起了很大作用,尤其是像"马歇尔计划"等国际发展援助取得了较好的成绩。但是70年代以来,学界开始反思这种援助方式的真实作用。因为过去半个世纪以来发达国家对外援助的主要试验场——非洲国家,它们接受了最多的国际援助,但其经济发展水平同世界其他地区的差距却越来越大。此时经济增长"万能模型"的索洛模型(Solo Model)指出,人力资本和项目对于经济增长的作用要大于单纯的物质投资,在没有相关技术进步的情况下,生产要素的投入对经济产出的作用递减,即只有提高劳动生产率,才能推动经济持续发展。

与此同时,随着计量经济学在20世纪70年代作为新兴的研究方法兴起,学者开始利用跨国面板数据,对国家层面的国际援助有效性进行定量研究,但研究结论存在着大量差异。总体而言,有以下三类不同的观点。

第一类观点高度称赞国际援助的有效性,认为援助对于提升低收入国家的经济增长和福利具有显著作用(Galiani et al.,2017)。也有学者认为,援助的有效性并非指推动受援国经济增长,而是防止受援国经济崩溃,因为援助的不稳定会影响欠发达国家的政治稳定,引发冲突(Collier & Hoeffler,2004;De Mesquita & Smith,2009)。

第二类观点则认为援助有效性是有条件的,受援国的国内制度和政治环境是影响援助有效性的关键因素。较有影响力的是两位世界银行经济学家Burnside和Dollar(2000)的文章,他们在对10个非洲国家的援助效果比较中,发现援助在政策环境较好的国家对经济增长的作用是锦上添花，而在政策环境差的国家则是火上浇油。

第三类观点则更为极端，认为国际援助对于受援国的经济、社会发展没有显著帮助，甚至起反作用。两位印度经济学家实证研究没有发现任何证据表明对外援助在更好的政策或地理环境中会效果更好，也没有发现某些形式的援助比其他形式的援助效果更好（Rajan & Subramanian, 2008）。

目前，得益于研究工具的进步，随机试验被引入国际援助有效性的研究中。有学者提出应基于项目的随机实验再做讨论，与其讨论国际援助在广义上的有效性，不如重点关注援助项目的异质性，对项目有效性进行详细评估和排序。迪弗洛（Esther Duflo）和班纳吉（Abhijit Banerjee）均是这种观点的代表性开创者，他们认为使用跨国和宏观层面的数据并不能理解援助有效性的问题，相反，基于微观层面的援助项目评估才是最重要的。支持这种观点的学者认为，与其说贫困由地理条件、政治或者制度引起，不如说是援助在具体实施过程中由于诸如发放不完善、信息不完备和市场失灵等问题所造成的。因此，如何发放援助是解决其有效性的关键。

国内起步虽晚，但也不乏相关讨论。李兴乾（2007）从行政管理角度阐述了制约援助有效性的问题：（1）援助国的立场和价值观问题，也是最大的问题；（2）受援国管理层次的技术问题；（3）制度安排中的不当激励问题。他提出行政管理有效性可能阻碍援助的有效性，需要通过完善制度、优化技术和统筹协调等措施解决管理层次的问题。汪淳玉和王伊欢（2010）对有关发展援助效果的研究进行了整理分类，大致分为有效、无效、有条件有效等三类。贺文萍（2011）发现经合组织发展委员会正从各方面积极推动国际发展援助从注重"投入"的"援助有效性"向注重"结果"的"发展有效性"转变。郑宇（2017）则实证研究了1960—2013年间官方发展援助同发展中国家经济增长之间的关系，发现两者之间没有显著的相关性。

二 政治环境、治理能力与援助效率

传统的关于援助效率的研究聚焦于受援国的国内政治与行政体制，

其内涵逻辑在于：受援国具备良好的执行援助项目的体制环境，援助才有效率。这种观点可以追溯到 20 世纪 90 年代的"良好治理议程"（Good Governance Agenda）。Burnside 和 Dollar（2000）通过对 10 个非洲国家的援助效果比较的实证研究，发现援助在政策环境较好的国家对经济增长的作用是锦上添花，而在政策环境差的国家则是火上浇油。这为西方国家和机构在提供对外援助时附加严格的国内改革条件提供了理论依据。

作为一种双向的互动，援助效率同样依赖于援助国自身的治理能力建设。Tendler（1975）研究发现援助机构的内部组织变量尽管有时并不易被察觉，但对援助结果具有至关重要的影响。也有研究发现援助治理结构的内部分散性对援助效率的影响，碎片化会导致高昂的交易成本（Arimoto & Kono，2009）。Gulrajani（2014）研究试图探讨援助治理结构的最佳实践，比如通过案例分析总结了高效援助效率的治理结构的部分特点：援助机构同时负责援助政策制定与执行管理、援助机构有清晰的援助纲领或者援助执行者具有一定的自由裁量权。此外，由部委统筹和领导对外援助的政策实施，或将对外援助职能专设一个部门置于外交部领导之下也被认为有助于提高援助效率（Choi & Bak，2017）。而在一些国家，被赋予了外交政策工具的官僚机构是由选民选出的，与传统的外交官僚相比，这些官僚机构在执行对外援助政策等外交政策时，不仅仅是执行政策的工具，也会出于自身利益考量去行动（Carcelli，2023）。

国内学者也发表了类似的看法，贺文萍（2011）认为要提高援助的效率必须要援助者与受援国双方共同的努力，并非仅局限于对援助国援助体系的规范，也不能忽视受援国主体性的发挥。发展合作的概念架构必须从为援助而援助的自由主义向促进受援国的能力发展转变，并最终转变为立足于以实现可持续发展目标为基石的价值体系。还有学者从援助的法律基础和政策一致性、对外援助的组织与管理、援助分配及其管理这三个方面，对发达国家对外援助管理的框架及其援助有效性进行了总体研究，把握了主要发达国家对外援助管理体系的主要内容和特点，为中国对外援助管理实践提供经验教训（黄梅波、郎建燕，2011）。也有学者运用"整体性治理"视角，对巴西、印度、南非和中国等金砖国家的对外援助治理结构进行系统比较，发现整合性援助机构设置、援助纲领构建、明确的领导机制、整合性内部运行机制、整合的资金制度、协调的部门网络、完善的监测评估体系都将影响对外援助效率，也据此提出中国的援助治理结构应进一步强化整合性援助机构的职能，形成对外援助的纲领性文件，理顺内部运行机制，建立完善的数据跟踪与监测评估体系（赵剑治等，2018）。

三 政府与社会组织合作关系

政府与社会组织的合作可以从下面两个"失败"理论中得到很好的理解。Weisbrod 和 Dominguez（1986）的开创性工作解释了由于政府未能满足公共服务需求而创建社会组织的原因：公众的要求过于多样化和异质性，政府无法提供选民想要的所有服务。Hansmann（1979）用合同失败理论来解释为什么供应不足的公共服务往往是由社会组织而不是营利组织提供的。据 Hansmann 说，由于捐款者和服务提供者之间信息不对称的问题，人们信任并将资金提供给社会组织，因为前者不将利润分配给他们的经理和成员。然而，在这个过程中社会组织并不能免除失败的责任。正是由于这些"失败"的存在，政府和社会组织都认为合作关系是防止这些失败的关键方法（Steinberg，2006）。

在发展援助领域，由于国际援助事务的复杂性、环境的多样性和对象的多重性，发达国家在对外援助系统中也逐步引入社会组织，积极支持各类社会组织开展对外援助工作，社会组织在对外援助中的角色正不断被强化。通过与社会组织合作开展对外援助，能够实现两方面的政策目标：一方面是提升国家对外援助的有效性，社会组织参与对外援助可以发挥专业性、在地性和灵活性等方面的优势；另一方面是让社会组织成为国家对外援助的助手，受到政府资助的社会组织尤其是本国的社会组织，在很多情况下是国家偏好直接或间接的延伸，成为国家战略的实施者（刘力达、蔡礼强，2021）。

综上所述，围绕着这一研究议题，相关学者做了诸多有益探索。但已有的关于社会组织与政府合作对外援助的研究大多遵循"现状描述—问题成因—对策建议"的逻辑主线，聚焦于对外援助政策的实践介绍和归纳，并在总结性描述的基础上提出规范性的优化路径，缺乏基于经验素材的实证探讨，对于相关理论和实践的深度挖掘仍有待进一步加强。而尽管一些学者开展了相关实证研究，但这些研究大多聚焦受援国或者援助国，少有针对对外援助项目中政府与社会组织进行研究，比如缺乏对它们之间的合作方式、项目条件等变量对援助效果进行深入的探讨。并且，现有对外援助研究缺乏对核心条件及其组态的分析，不能系统揭示多要素互动的复杂运行机理。

四 分析框架

基于上文所提的研究成果，本章结合宏观和微观的视角，构建如图 8-1 所示的分析框架。

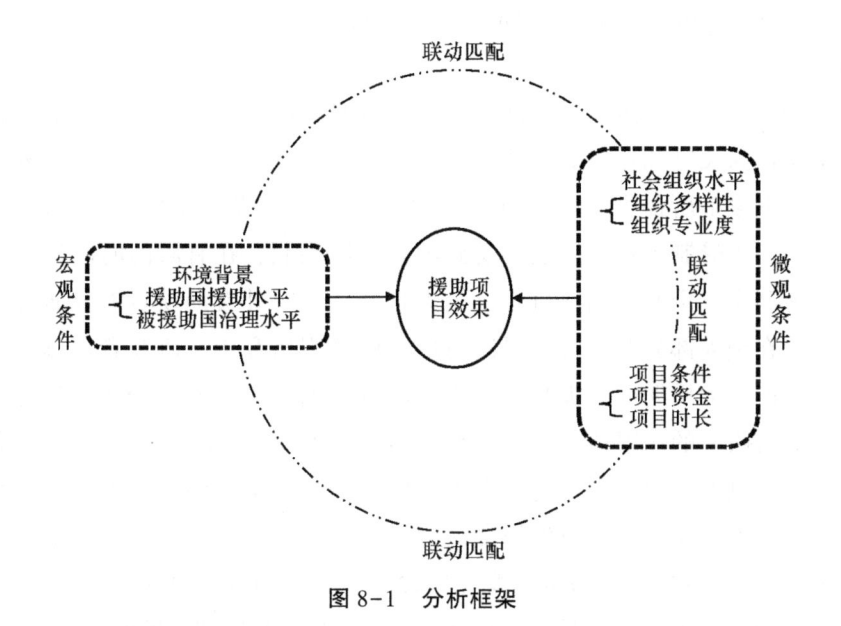

图 8-1 分析框架

宏观条件指环境背景。具体包括援助国援助宏观水平与受援国治理水平两个二级条件。Burnside 和 Dollar（2000）的实证研究支持了受援国国内的政策与援助效率的正相关关系，认为为了提高援助效率，受援国应该改善自身的国内治理结构。这为西方国家和机构在提供对外援助时附加严格的国内改革条件提供了理论依据。作为一种双向的互动，援助效率可能同样依赖于援助国自身的治理能力建设。

微观条件分为社会组织水平与项目条件两个方面。

合作的社会组织水平。具体包括组织多样性与组织专业度两个二级条件。Tendler（1975）研究发现援助机构的内部组织变量尽管有时并不易被察觉，但对援助结果具有至关重要的影响。Doherty 和 Mayer（2003）在关于组织能力的讨论中提出了衡量组织能力的四个维度：组织发展能力、资产发展能力、社区联系和项目活动。城市研究所在评估能力建设的组成部分时，确定了能力建设的五个主要组成部分，分别是价值观和使命、领导力、资源、外联以及产品和服务。类似地，Connolly 和 Lukas（2002）确定了高绩效所必需的组织能力的六个组成部分：治理和领导力、使命愿景和战略、项目交付能力、战略关系、资源开发、内部经营管理。

项目条件。具体包括项目资金与项目时长两个二级条件。政府对社会组织最为关键和首要的支持方式是资金支持，并且主要是基于对外援助政策框架下所提供的资金支持（刘力达、蔡礼强，2021）。而对外援助项目除了受制于资金，也会受到项目期限限制，在有限的时间里如何更好地利用资金并达到项目效果最大化是每个对外援助项目需要研究的课题。在绝大部分关于对外援助与增长的微观研究中，研究者都倾向于使用以四年为周期的面板数据对不同国家的增长进行回归分析，但是这种方法有很大的局限性。不同类型的援助在四年的周期内产生的效果是不同的。例如人道主义援助和灾难援助可能会在很短的时间内与增长呈负相关，但是对教育、卫生的援助可能要在二十年之后才能对经济产生显著性的正向相关。Clemens 等（2012）的研究开创性地强调了区分短期援助和长期援助的重要性，并以基础设施援助为短期援助的分析案例，测算出其与增长在短期内的相关关系。遗憾的是，Clemens 并没有为我们提供一个长期援助的案例，Bhavan 等（2011）在其基础上通过对东亚各国接受援助的观察发现了与短期援助相比，长期援助在面对援助金额波动性时更不容易对增长造成负面影响。这些研究进一步弥补了对长期援助影响领域研究的空白。

第二节 数据分析与定量回归分析

定量回归分析指的是确定两种或两种以上变量间相互依赖的定量关系的一种统计分析方法。因这种方法对变量之间相关关系的推断基于数据，较之定性分析更为客观、理性，被广泛引入各个学科领域，用以发现因变量和自变量的相关性，佐证学者们的研究假设。随着计量经济学在 20 世纪 70 年代走入西方学界，并作为新兴的研究方法得以持续发展，学者开始利用跨国数据，对国际援助进行定量研究。本章为更好地说明政府与社会组织合作对外援助的项目效果的影响因素，将先用传统的定量回归法进行变量之间的初步分析。

一 样本选择与数据来源

（一）结果变量

本章所关注的结果变量是政府与社会组织合作的对外援助项目效果。

由于日本援助项目评估报告格式标准化程度更高，援助结果有更清晰的评级，其可采用的案例多于没有明确分级结果的美国案例。因此，本章选取日本国际协力机构（JICA）的 80 个案例的事后评估结果和美国国际开发署的 20 个案例进行定性比较分析（QCA）。[1]

JICA 作为世界上最大的双边发展援助机构之一，建立了较为完备的全周期项目评估体系。在事后评估环节，JICA 在经济合作与发展组织发展援助委员会（OECD-DAC）制定的五项发展援助评估指标（相关性、有效性、影响、效率、可持续性）的基础上，对援助项目的相关性、有效性、影响、效率、可持续性分别进行评估，划分了高、中、低三个等级，然后根据以上指标的评估推导得出项目的最终评估结果，分为高度满意、满意、部分满意、不满意四个等级。

---

[1] 尽管两国的样本选取存在一定的不平衡性，但是考虑到日本的案例的异质性较低，更多的样本可以增加分析的精准度，同时又不会导致较高的异方差性。此外，考虑到案例数量的不平衡性，本章也对美国和日本分组做了研究。

相比而言 USAID 评估则是由经过培训的执行部门的员工以及公开招标来的外部评估专家共同进行的，项目评估组组长规定必须为外部专家，评估结果报告公开在美国发展数据图书馆。由于 USAID 评估报告结果没有统一的效果评级，根据"extremely effective""largely successful""exceed targets""met targets""moderately successful"进行赋值。

在本章采集的 100 个案例中，都没有被评定为"不满意"和"不合格"的案例，因此基于 Rihoux、Ragin（2008）的三值模糊集，本章分别赋值 JICA 评估的"高度满意""满意""部分满意"三个等级为 1（完全隶属）、0.5（既非完全隶属也非完全不隶属）、0（完全不隶属），USAID 案例评估结果中出现"extremely effective""largely successful""exceed targets"等的赋值为 1，将"met targets"赋值为 0.5，将"moderately successful"赋值为 0。

（二）条件变量

1. 宏观环境

宏观环境不仅包括援助国援助水平，也包括受援国治理水平。

刘力达、蔡礼强（2021）基于美、英、德、日、法五国的比较分析发现，美国与日本的战略与立法保障、执行机构、协作机制等方面与两国的资金支持是相对应的，资金投入高的国家其战略与立法保障、执行机构、协作机制等水平都较高。因此本章使用的援助国援助水平由经济合作与发展组织（OECD）发布的 2000—2020 年美国、日本的官方发展援助衡量报告，其金额反映了援助国在援助上的物质投入。[①]

受援国治理水平数据来自世界银行全球治理指标数据库（WGI）。[②] 其中，包含 6 项子指标：腐败控制（Control of Corruption）、政府效率（Government Effectiveness）、政权稳定性和无暴力（Political Stability and Absence of Violence/Terrorism）、监管质量（Regulatory Quality）、法治程度（Rule of Law）及话语权和问责性（Voice and Accountability），每项指标分值在 -2.5 分到 2.5 分之间分布，得分越高，代表该国政府在该领域

---

① 数据来源：OECD（2021），Net ODA（indicator）. doi: 10.1787/33346549-en。
② 数据来源：Worldwide Governance Indicators（www.govindicators.org），World Bank。

表现越好，因此受援国治理水平由6项指标的平均值衡量。

2. 合作的社会组织水平

具体包括合作组织多样性与组织专业度两个变量。

合作组织多样性由其数量与组织类型数决定：若具有2个及以上类型的组织，则赋值1；若类型单一，但有2个及以上的社会组织，则赋值0.5；若仅与一家社会组织合作，则赋值0。

考虑到大学和研究所被广泛认为专业度最强，本章合作组织专业度的定义根据合作机构有无大学和研究所、主要合作公司或NGO的成立年限赋值：若合作组织中有大学或研究所，则赋值1；无大学和研究所的，赋值0。

3. 项目条件

项目条件有项目时长和项目资金两个变量。

政府对社会组织最为关键和首要的支持方式是资金支持，并且主要是基于对外援助政策框架下所提供的资金支持（刘力达、蔡礼强，2021）。

而对外援助项目除了受制于资金，也会受到项目期限限制。在几乎绝大部分关于对外援助与增长的微观研究中，研究者都倾向于使用以四年为周期的面板数据对不同国家的增长进行回归分析，但是这种方法有很大的局限性（Clemens，2012），Bhavan等（2011）在其基础上通过对东亚各国接受援助的观察发现了与短期援助相比，长期援助在面对援助金额波动性时更不容易对增长造成负面影响。

项目时长和项目资金均根据USAID和JICA披露的案例情况采集，并取对数使数据平稳，减少多重共线性、异方差影响，并一定程度上消除量纲的影响。

二 描述性统计

由表8-2所列描述性统计可知，日本对外援助项目的受援国治理水平均值为-0.525，比美国案例的受援国治理水平-0.724高，说明日本偏好援助治理水平较好的受援国；美国案例的合作方多样性和专业度均高于日本，说明美国看重挑选的项目合作方；而美国的项目条件均优于日本，美国项目平均周期约60个月，日本仅将近43个月；美国一个项目资金平均约 2000 万美元,而日本仅约 400 万美元。最后的援助结果,美国也优于日本,美国项目评估结果均值为 0.750,说明大部分项目都取得了较好的援助效果,日本仅为 0.425,说明项目援助效果难以获得高度满意。

表 8-2　　变量的描述性统计

变量	日本(样本量:80)				美国(样本量:20)			
	均值	标准差	最小值	最大值	均值	标准差	最小值	最大值
受援国治理水平	-0.525	0.425	-1.615	0.770	-0.724	0.493	-2.173	0.305
合作方多样性	0.475	0.346	0	1	0.925	0.245	0	1
合作方专业度	0.288	0.455	0	1	0.700	0.470	0	1
项目时长(月)	42.713	18.304	13	92	60.350	19.508	22	120
项目资金(百万美元)	4.224	1.792	1.838	8.991	21.251	17.772	0.256	82.201
援助效果	0.425	0.444	0	1	0.750	0.380	0	1

三　回归分析

本研究为进一步分析驱动高对外援助项目水平的重要条件,将日本、美国共 100 个案例使用 Stata 计量软件进行回归分析,并分国别进行回归。因以美、日政府与社会组织合作的具体案例作为样本,因此缺少面板数据,选择了混合 OLS 方法,并经过异方差稳健标准误调整。

表 8-3 中列(1)报告了在控制国家、年份的情况下的回归结果。分析回归结果可知,合作方专业度与项目效果在 1% 的水平显著正相关。这说明,合作方专业度显著提高对外援助项目效果,政府在进行对外援助时,应注重挑选合作方的专业度。而受援国治理水平、合作方多样性、项目时长、项目资金的回归系数不显著,表明它们对项目效果的影响并不确切。表 8-3 列(2)报告了美国的援助项目中,受援国治理水平与项目效果在 5% 的水平显著正相关,这说明受援国治理水平显著提高对外援助项目效果,美国政府在提供对外援助时应附加严格的受援国内改革条件。表 8-3 列(3)报告了日本的援助项目中,合作方专业度与项目效果在 1% 的水平显著正相关,合作方专业度显著提高对外援助项目效

果，日本政府在进行对外援助时，应注重挑选合作方的专业度。

表 8-3　政府与社会组织合作对外援助项目的影响因素

自变量	(1) 全样本	(2) 美国	(3) 日本
受援国治理水平	0.013 (0.11)	0.482** (2.60)	-0.068 (-0.53)
合作方多样性	0.015 (0.09)	0.842 (0.94)	-0.057 (-0.31)
合作方专业度	0.344*** (2.98)	-0.273 (-0.46)	0.408*** (2.88)
项目时长（月，取对数）	-0.085 (-0.53)	1.084 (0.68)	-0.033 (-0.18)
项目资金（百万美元，取对数）	0.052 (0.54)	0.114 (0.73)	-0.000 (-0.00)
Country	已控制	-	-
Year	已控制	已控制	已控制
N	100	20	80
R^2 (within)	0.370	0.748	0.336

注：*、**、***分别表示在10%、5%和1%水平下显著。括号内为t值，均经过异方差调整。

由于不同因素对对外援助项目效果的影响并不独立，它们之间会通过联动匹配产生不同组合影响对外援助项目效果，而采用传统的定量回归分析的方法忽略了这一联动效应。

第三节　基于 QCA 的定性比较分析

现有对外援助研究缺乏对核心条件及其组态的分析，不能系统揭示多要素互动的复杂运行机理。本章首次将 fsQCA 方法引入对外援助项目问题的研究中，这不但丰富了对外援助领域的研究方法工具箱，还为政府推动对外援助项目背后各条件之间的复杂互动和因果不对称提供了一种整体的视角。

一 定性比较分析（QCA）

本章尝试在组态视角的基础上分析政府与社会组织合作的对外援助项目效果背后的多元驱动机制，因此拟采用 fsQCA 开展实证检验。定性比较分析法（QCA）在 20 世纪 80 年代由查尔斯·拉金（Charles Ragin）提出。QCA 采取整体的（holistic）视角，开展案例层面（case-oriented）比较分析，每个案例被视为条件变量的"组态"（Rihoux & Ragin，2008）。QCA 分析旨在通过案例间的比较，找出条件组态与结果间的因果关系，回答"条件的哪些组态可以导致期望的结果出现？哪些组态导致结果的不出现？"这类问题，从而进一步在承认因果复杂性的前提下识别多重条件变量的协同效应（杜运周、贾良定，2017）。相较于以回归分析为主的定量研究和以案例分析为主的定性研究，QCA 的优势在于：第一，通过对大、中、小等样本的跨案例比较，研究者可以在识别出条件变量作用机制的基础上，确保一定程度上实证结果的外部推广度；第二，研究者还可以识别出具有等效结果的条件组态（Equifinality），这可以帮助人们理解不同案例场景下导致结果产生的差异化驱动机制，并进一步讨论条件间的适配与替代关系；第三，研究者还可以进一步比较导致结果产生与消失的条件组态，扩宽其对特定研究问题的理论解释维度。这是因为，在"因果不对称性（Causal Asymmetry）"的逻辑前提下，导致结果变量出现的条件与导致结果变量的"否集"出现的条件可能并不相同（谭海波等，2019）。

组态理论和 QCA 方法作为一种基于整体论分析多要素组态效应的范式，已在多个社会科学领域得到广泛应用。QCA 方法对于案例间异质性、并发条件、非对称关系、等效性路径等复杂管理问题能够提供更加精细的分析（杜运周等，2021）。

QCA 包括清晰集定性比较分析（csQCA）、模糊集定性比较分析（fsQCA）以及多值集定性比较分析（mvQCA）。fsQCA 相较于另两种提升了分析定距、定比变量的能力，使得 QCA 不仅可以处理类别问题，也可以处理程度（degree）变化的问题和部分隶属的问题（partial membership），即案例有一个介于 0 与 1 之间的隶属得分。并且 fsQCA 通过将模糊集数据转换为真值表,保留了真值表分析处理定性数据、有限多样性和简化组态的优势,使得 fsQCA 具有质性分析和定量分析的双重属性(Ragin,2009)。由于 fsQCA 具有更大的优势,使其在近年来的相关实证研究中被广泛使用。

本章的对外援助中政府与社会组织的合作路径,由于样本量相对较小、案例之间存在较大异质性、援助效果度量误差较大等问题,选择介于定量和定性之间的 QCA 较为合适。对外援助中政府与社会组织的合作是复杂且动态的过程,难以用单一变量去解释,用组态视角的 QCA 也更为合适。

二 数据校准

采用 QCA 方法需要对测量的变量进行校准,校准既考虑到案例间的类别(kind)差异也考虑到程度差异,使得测量可以被解释和具有意义(Ragin,2009)。校准是给案例赋予集合隶属的过程,具体而言,需要依据由理论和实际的外部知识或标准设定的 3 个临界值:完全隶属(full membership)、完全不隶属(full non-membership)和交叉点(cross over point)。交叉点是区分完全隶属和完全不隶属的中间点,因此在该点案例属于某集合的模糊性是否最大(fuzziness)(Ragin,2009;杜运周、贾良定,2017)。

本章借鉴现有研究,在已有理论和经验知识的基础上,根据各条件变量的数据类型,运用直接校准法(Ragin,2009)将数据转换为模糊集隶属分数。本章依据杜运周和贾良定(2017)以及陶克涛等(2021)的校准标准以及案例的实际情况,援助国援助水平、受援国治理水平、项目时长、项目资金交叉点的校准标准为 0.5 分位点,完全不隶属校准标准为 0.05 分位点,完全隶属的校准标准为 0.95。各条件和结果的校准信息如表 8-4 所示。

表 8-4 条件的校准

	条件变量	校准		
		完全隶属	交叉点	完全不隶属
宏观环境	援助国援助水平	30344	10118	10118
	受援国治理水平	0.021	-0.517	-1.135

续表

	条件变量	校准		
		完全隶属	交叉点	完全不隶属
项目条件	项目资金（百万美元）	21.904	4.409	2.166
	项目时长（月）	84.15	46	20

此外，在校准时，案例在条件上的模糊集隶属分数为 0.5 的情形是需要避免的。这一情形将导致案例难以归类而不被纳入分析，最终影响分析结果（张明、杜运周，2019）。根据 Fiss（2011）、Du 和 Kim（2021）的做法，对含有 0.5 隶属度的集合中隶属度 1 以下的数值加 0.001。

三　单个条件的必要性分析

在进行条件组态分析前，有必要对各条件的"必要性"（Necessity）进行逐一单独检验。本章结合主流的 QCA 研究，首先检验单一条件（包括其非集）是否构成政府与社会组织合作对外援助项目效果的必要条件。在 QCA 中，当结果发生时某个条件始终存在，那么该条件就成为结果的必要条件。一致性作为必要条件的重要检测标准，当一致性大于 0.9 时，则该条件就是结果的必要条件（Ragin & Fiss，2009）。表 8-5 为使用 fsQCA 软件分析的高水平和非高水平政府与社会组织合作对外援助项目效果的必要条件检验结果。从表 8-5 中可以看出，所有条件的一致性水平都小于 0.9。所以，不存在影响政府与社会组织合作的高水平和非高水平对外援助项目必要条件。这一结果显现了政府与社会组织合作对外援助项目的复杂性，即宏观环境、社会组织水平、项目条件需要相互间的联动匹配才能够共同影响对外援助项目效果。

表 8-5　　　　高项目效果与低项目效果的必要条件分析

条件变量	高项目效果		低项目效果	
	一致性	覆盖度	一致性	覆盖度
高援助国援助水平	0.721	0.600	0.625	0.539
低援助国援助水平	0.446	0.534	0.537	0.667

续表

条件变量	高项目效果		低项目效果	
	一致性	覆盖度	一致性	覆盖度
高受援国治理水平	0.527	0.540	0.511	0.543
低受援国治理水平	0.554	0.522	0.567	0.554
强合作方多样性	0.745	0.647	0.500	0.451
弱合作方多样性	0.368	0.415	0.608	0.712
强合作方专业度	0.561	0.744	0.186	0.256
弱合作方专业度	0.439	0.342	0.814	0.658
充足项目资金	0.552	0.597	0.458	0.514
缺乏项目资金	0.551	0.495	0.641	0.598
充足项目时长	0.525	0.610	0.435	0.525
缺乏项目时长	0.591	0.502	0.676	0.597

换言之，政府与社会组织对外援助合作的成功与否，应该综合考量援助国与受援国、社会组织、项目本身条件三个方面下多重条件的并发协同效应。

四 条件组态分析

不同于上述对必要条件的分析，组态分析试图揭示由多个条件构成的不同组态引起结果产生的充分性。从集合论视角出发，探讨由多个条件构成的组态所表示的集合是否为结果集合的子集。一致性也用来衡量组态的充分性，但可接受的最低标准和计算方法不同于必要条件的分析。真值表需要按照频数和一致性进行筛选（Ragin，2009）。一致性阈值最小推荐值为0.75（Rihoux & Ragin，2008）。根据具体的研究情境，已有研究采用了不同的一致性阈值，如0.76（张明、杜运周，2019）、0.8（程聪、贾良定，2016）等。频数阈值应根据样本量来确定，对于中小样本，频数阈值为1（张明、杜运周，2019），对于大样本，频数阈值应大于1。本章最终确定的一致性阈值为0.8，频数阈值为1。

为了改善研究结果的表现形式，学者们将 fsQCA 输出的解转换为一个更容易阅读的表格。通常，条件的存在用"●"表示，缺席/否定用"⊗"表示，无论是否存在用空白表示。条件分为核心解与边缘解，在QCA结果的呈现中，同时出现在简约解和中间解中的为核心条件，只出现在中间解的条件被称为边缘条件，核心和边缘条件使用大圆和小圆进行区分（Fiss，2011）。但近期，学者们对QCA结果报告方式的正确性提出了质疑，并发现Fiss的报告方法存在稳健性方面的缺陷，并进一步提出，QCA生成的简约解是最稳健的解，仅报告核心解是更为稳健、正确的做法（Baumgartner & Thiem，2020）。

表8-6呈现了用以解释高水平政府与社会组织合作对外援助项目效果的两条驱动路径。其中，每一纵列代表了一种可能的条件组态。解的一致性（solution consistency）为0.790，这意味着，在所有满足这两类条件组态的合作对外援助项目的案例中，有79.0%的项目均呈现较高的效果水平，解的一致性高于临界值75%，表明实证分析有效。解的覆盖度（solution coverage）为0.424，这意味着，两类条件组态可以解释42.4%的高绩效项目案例。基于条件组态，我们可以进一步识别出两组宏观环境、社会组织水平、项目条件在推动合作对外援助项目中的差异化适配关系。

具体而言，条件组态1表明，当援助国能找到专业的合作方且项目时长充裕，无论其他条件情况如何，其对外援助项目效果较高。这意味着，相较于其他条件而言，合作方专业度和项目时长对于高水平对外援助项目效果而言更为重要，因为其可以单独构成解释结果产生的充分条件。由于在这条路径下，当合作方专业度高且项目时长充裕时，其他条件对于高水平项目效果而言无关紧要，因此我们将这条驱动路径命名为"专业度—时长驱动型"。这意味着，当合作方专业且项目跨度较长时，能够有效破除受援国自身条件和资金等其他项目条件对项目效果的制约。该路径能够解释约38.3%的高水平合作对外援助项目效果案例。另外，约13.6%的高水平合作对外援助项目效果案例仅能被这条路径所解释。

条件组态2表明，当援助国能找到专业的合作方且项目资金充裕时，无论其他条件情况如何，其对外援助项目效果较高。这意味着，相较于其他条件而言，合作方专业度和项目资金对于对外援助项目的效果而言更为重要，因为其可以单独构成解释结果产生的充分条件。由于在这条路径下，当合作方专业度高、项目资金充足时，其他条件对于高水平项目效果而言无关紧要，因此我们将这条驱动路径命名为"专业度—资金驱动型"。这意味着，当合作方专业且项目资金充足时，能够有效破除受援国自身条件和项目时长等项目禀赋条件对援助项目效果的制约。该路径能够解释约28.8%的高水平合作对外援助项目效果案例。另外，约4.1%的高水平合作对外援助项目效果案例仅能被这条路径所解释。

通过对比组态1和组态2，总体上我们可以发现项目资金在一定程度上可以与项目时长存在一定的替代效应，而合作方专业度是解释高水平对外援助路径的核心条件。

表8-6　高水平政府与社会组织合作对外援助项目效果的组态分析

	专业度—时长驱动	专业度—资金驱动
条件组态	1	2
援助国援助水平		
受援国治理水平		
合作方多样性		
合作方专业度	●	●
项目资金		●
项目时长	●	
覆盖度	0.383	0.288
唯一覆盖度	0.136	0.041
一致性	0.800	0.821
解的覆盖度	0.424	
解的一致性	0.790	

注：●表示该条件存在，⊗表示该条件不存在，空白代表条件可存在也可不存在。

五　日、美政府与社会组织合作对外援助效果的差异化路径

但受制度环境、经济发展、文化历史、资源禀赋等方面的影响，在

日本与美国的比较中，两国在援助重点地区、援助内容重点、援助政治目标上均有不同：美国援助重点从东南亚到中东、非洲等，而日本一直将东南亚作为对外援助的基地；美国将健康、教育等的社会基础设施与服务作为援助重点，而日本将经济基础设施与服务作为重点；并且，政治地位与经济实力的不匹配是日本与美国相比最大的特点，日本始终将政治崛起和对外援助战略结合（赵剑治、欧阳喆，2018）。因此，日、美受援国治理水平、社会组织水平、项目条件等对对外援助项目的影响将有所差异。

因此，本章有必要对全样本进行国别分组，分别对日本和美国政府与社会组织合作对外援助效果进行比较分析，探索受援国治理水平、社会组织水平、项目条件因素对对外援助项目效果影响的差异化，分析结果见表8-7。

从表8-7中可以看出，日本高水平的政府与社会组织合作对外援助项目效果存在两种组态（路径）。组态1表明，即使项目资金匮乏、时限紧张，但如果合作方专业度高，也会驱动对外援助项目的高绩效。组态2表明，如果合作方专业度、受援国治理水平高，也会驱动对外援助项目的高绩效。可见，相比美国而言，日本在对外援助项目上走的是更加偏向"专业化"的道路，在高水平项目绩效的两条路径中，均更加重视合作方专业度这一重要条件。

表8-7　　日本、美国高水平政府与社会组织合作对外援助项目效果的组态分析

	日本		美国		
条件组态	1	2	3	4	5
受援国治理水平		●			●
合作方多样性			●	●	
合作方专业度	●	●	⊗		
项目资金	⊗				
项目时长	⊗			●	
覆盖度	0.211	0.325	0.233	0.731	0.474

续表

	日本		美国		
唯一覆盖度	0.030	0.143	0.045	0.242	0.046
一致性	0.859	0.801	0.778	0.855	0.889
解的覆盖度	0.354		0.854		
解的一致性	0.788		0.811		

注：●表示该条件存在，⊗表示该条件不存在，空白代表条件可存在也可不存在。

美国高水平的政府与社会组织合作对外援助项目效果存在三种组态（路径）。组态3表明，当合作方专业度较低时，若合作方较为多样，这会驱动对外援助项目的高绩效。组态4表明，如果合作方多样且项目时长充裕，也会驱动对外援助项目的高绩效，组态4的覆盖度高达73.1%，说明这一路径能解释73.1%的案例，且有24.2%的案例仅能被组态4覆盖。组态5表明，受援国治理水平高也是促成高对外援助效果的一条有力路径。由此可见，美国在对外援助项目上走的是偏重"合作方多样化"的道路，在高水平项目绩效的两条路径中，合作方多样性均为核心条件。

综上所述，美国和日本对外援助项目绩效的提升存在差异化的驱动路径。日本更多关注合作方专业度的影响，走"专业化"的道路。美国更多关注合作方多样性，走"多合作方"的道路。

六 稳健性检验

参照张明、杜运周（2019）的稳健性检验方法，本章将一致性水平从0.8调整为0.75进行检验。通过fsQCA软件计算，发现本章结论仍然是稳健的。

研究结论、展望及对中国的启示

第一，从总体上看，宏观环境、合作方水平、项目条件都不能单独作为对外援助项目绩效的充分条件，说明单个要素并不构成高水平对外援助项目绩效的充分条件。高水平政府与社会组织合作对外援助项目效果存在两条驱动路径，具体可以归纳为专业度—资金驱动型、专业度—时长驱动型的驱动路径，而合作方专业度是路径中都涉及的重要条件。

第二，对外援助项目背后是多因素的协同作用，各因素的有效结合或替代以"殊途同归"的方式提升项目绩效表现。例如，在特定的条件下，项目资金与项目时长有一定的相互替代作用。

第三，囿于日本和美国制度环境、经济发展水平、地理区位、资源禀赋等差异，日本和美国的高水平对外援助项目效果的驱动路径存在明显的差异。日本更多关注合作方专业度的影响，走"专业化"的道路。美国更多关注合作方多样性，走"多合作方"的道路。这一显著差异也进一步阐释了造成对外援助项目绩效水平异质性的条件是千差万别的。

本部分的理论贡献主要集中在以下方面。第一，将对外援助项目问题研究从关注援助国、受援国治理水平等单个变量视角转向宏观背景、合作方水平、项目条件联动作用的整体和组合视角。本章从"组态视角"出发，基于宏观—合作方—项目的分析框架，分析了国家层面、合作方水平、项目本身等多重条件在推动对外援助项目效果上的并发协同效应与联动匹配模式，解释了政府与社会组织合作对外援助项目背后的复杂机理。长期以来，传统的关于援助效率的研究聚焦于援助方与受援国的国内政治与行政体制，但是这些研究大多缺乏系统性和整体性分析。本章以组态分析的视角发现，宏观背景、合作方水平、项目条件相互作用形成多元组态，以"殊途同归"的方式驱动对外援助项目绩效提升，从而进一步加深了研究者对政府与社会组织合作的对外援助项目背后复杂机理的理解，丰富了对政府与社会组织合作的对外援助问题的解释。

第二，首次将 fsQCA 方法引入对外援助项目问题的研究中，这不仅是研究方法的丰富，更为政府如何支持社会组织对外援助决策理论的形成奠定了基础。目前，已有研究主要局限于传统的定性分析，如发达国家社会组织参与对外援助的制度吸纳与政策支持（刘力达、蔡礼强，2021）。本章引入 fsQCA 方法，这不但丰富了对外援助领域的研究方法工具箱，还为政府推动对外援助项目背后各条件之间的复杂互动和因果不对称提供了一种整体的视角。研究表明，美国、日本的高水平对外援助项目效果的驱动路径存在显著差异，这进一步阐释了造成对外援助项目效果水平异质性的非对称因果关系。

对中国对外援助管理启示

中国开展对外援助70多年来，社会组织作为民间力量的重要代表、官方力量的重要辅助，在中国对外援助事业中扮演着日趋重要的角色。在国际思想浪潮变幻、国家崛起的多重背景下，中国社会组织参与对外援助经历了原生态、次生态、衍生态以及新生态四个发展阶段，积累了紧跟国家发展战略、借力国际援助机构、依托国内实践经验、创新援助模式等经验，却也面临着外部支持与内部发展双重难题：外部支持上，中国对外援助的专门法律法规尚不健全，社会组织海外发展的政策引导与权益保护还有待加强，社会组织"走出去"的信息整合、资源调配等平台还有待建立；内部发展上，中国社会组织参与对外援助的队伍还尚小，社会组织的国际化程度低，社会组织多位一体的综合素质与管理能力还较弱，社会组织开展海外项目的数量不多，海外办公条件仍不足（颜克高，2021）。

本节对日、美政府与社会组织合作对外援助项目的研究结论为中国政府如何实践提出如下政策建议。首先，中国应注重自身援助水平的提升，在外部支持方面给予社会组织参与对外援助的支持。中国应完善对外援助的法制建设、政策保障以及对社会组织的政策引导，为社会组织在海外开展活动提供依据和保障。中国还应尽快搭建统一的信息整合、资源调配的对外援助平台。对外援助工作涉及不同国度或跨国机构间的交往活动，社会组织自身获取信息能力较弱、渠道有限，加上掌握优质信息资源的政府更倾向于与优质的、有影响力的社会组织缔结项目合作协议，有的社会组织只能通过成员的私人交往关系完成对外援助的联系工作，这不利于对外援助项目中社会组织的多样化。中国政府要根据组织自身条件和资源禀赋，从"整体性"视角出发，致力于与受援国、合作方、项目本身之间多重条件的联动匹配，"因地制宜"地制定政策，形成差异化的对外援助发展路径。

其次，中国应积极鼓励各类型的社会组织参与对外援助。新中国成立至改革开放，由政府自上而下设立的具有官办特征的社会组织占据了主流地位，因其与政府职能存在部分互补性，在事关民生的人权保障、社会发展领域深受政府青睐与社会信赖，一度获得了政府大力援助和社会捐赠，并在获取国际资源上也占据优势。20世纪90年代，社会组织取得初步发展，但优先走出去的也多是"中字头"社会组织。中国应将各类型的社会组织都聚集到对外援助体系中，寻求多样化的合作方，提升对外援助项目的效果。

最后，中国应帮助各社会组织提升对外援助的专业能力，在挑选项目合作方时特别关注社会组织的专业度，以此鼓励社会组织自我提升，还可通过培训或服务外包的形式提升项目效率。中国目前社会组织多位一体的综合素质与管理能力还较弱：社会组织的非营利性，使其容易面临发展资金的约束；社会组织的志愿性，使其内部组织成员之间的约束关系较为松散，在项目运行中的效率较为低下；社会组织的民间性，准入门槛较低，成员素质存在差别，能够承担国际项目的专职人员较少，了解受援国文化环境、法律法规及政策环境、具有较强沟通协调能力和国际工作经验的专业人才凤毛麟角；社会组织的成熟度不高，内部治理结构尚不规范，相应的内部治理运行机制不完善，对组织战略目标制定、人才引进与任免、资金管理、品牌建设等多方面认识不够。这些都严重制约了社会组织参与到对外援助项目中的现实能力。而合作方的专业度往往是提升对外援助项目水平的核心路径，因此，我们必须大力推进涉外社会组织的能力建设，帮助社会组织更好地参与到对外援助的项目中来。

第九章 国际发展背景下中国与国际科技类组织的合作：以合成生物学为例*

第一节 引言

科学技术没有国界，在当今世界全球化、国际化的大趋势之下，科技要素在全球的配置和流动已成为科技活动的重要特征。因科技发展对世界发展的重要性及其治理的难度，科技治理已成为国际治理的重要一环。

世界经济论坛在2021年发布的《全球科技治理》报告中指出，目前新兴科技领域在缺乏监管、滥用或无意使用科技产生的副作用、隐私与数据共享、法律执行、网络和其他安全隐患、人工监管、跨国境的（监管）不一致等方面存在治理缺口。传统的国际科技组织的主要作用是整合科技资源、研究科技问题，推动本领域的科技进步（罗学优、程如烟，2013），而新兴技术的国际治理的侧重点则是引领科技朝正确方向发展，承担了重大的职责。一些新兴科技领域已经出现了创新性的治理框架：如在金融科技领域，英国金融行为监管局（FCA）和其他国际金融监管机构发起了全球金融创新网络（GFIN），主要进行全球金融监管系统的沙盒预演；在自动驾驶领域，联合国欧洲经济委员会（UNECE）通过举办自动驾驶管制论坛，成功让50多个欧、亚非主要国家同意自

---

* 本章为科技部国家重点研发计划"合成生物学研发及应用的全球治理与国际合作"（项目批准号：2020YFA0908604）的阶段性研究成果。

2021年1月份起开始遵守自动车道保持系统（ALKS）的规则。但是目前，在学术界，对新兴技术如何治理还没有达成一个统一的认识，特别是国家如何加入国际科技组织、开展国际科技治理。

合成生物学是第四次工业革命的代表性技术之一的生物科技在现实生活中的重要应用。近年来中国在合成生物学的研究、监管、产业各方面都有显著进展，因此本章将以合成生物学为切入口，以中国为例，研究国家如何与国际类的社会组织互动、共同开展国际治理。

第二节 国家如何参与国际科技治理

目前国际科技组织正呈现融合多元行为体的多维治理机制，存在独立性较弱、参与主体价值诉求差异、科技治理权力结构不均衡等特点（杨理伟，2023）。同时，随着新兴技术如人工智能、自动化、区块链、无人机和物联网等的发展，科技治理呈现安全化的倾向，主权国家参与科技治理的重要性日益凸显。因而，在科技治理领域，主权国家和国际科技组织的合作必不可少。任何单一主体都无法统筹科技治理。

国际科技组织包含了政府间国际组织和非政府间国际组织。从数量上看，非政府国际组织是目前国际科技组织的主要组成形态。具体而言，国际科技组织可以分为三类：一是从科学发展的角度出发的科学共同体，主要活动是研发伦理判断、研发规则制定、进行学术交流等；二是市场主体形成的行业联盟、在全球科技活动中推动形成行业规范与行为约束机制，如行业技术标准的制定等；三是各国政府从国家利益出发，主要就与贸易相关的知识产权和国际技术转移展开对科技活动的治理（杨理伟，2023）。

从国家参与国际科技治理的方式来说，新兴技术中以人工智能为例，中国参与人工智能全球治理的方式包括参与国际组织、制定国内人工智能规范和推动全球人工智能治理标准三个方面。中国在国际组织中积极参与人工智能治理的讨论，例如中国在2017年主持了G20峰会，并提出了《G20人工智能原则》。此外，中国还提出了《人工智能与教育》的倡议，以推动人工智能治理标准的制定。此外，中国还在国内制定了一系列人工智能规范和标准，以确保人工智能技术的安全和可靠性。中国还在推动全球人工智能治理标准方面发挥了积极作用，例如在 2017 年提出了《全球人工智能治理倡议》。该倡议得到了联合国教科文组织等多个国际组织的支持和响应（Cheng & Zeng，2023）。

由此，我们可以看到，国家一共有三种模式通过与国际科技组织互动参与国际科技治理。如图 9-1 所示，国际层面有学术类和行业类的国际科技组织、加上已有的国际条约参与国际科技治理。而在国家层面，（尤其是对新兴技术的治理）主要有强化内部治理、提出治理标准（主要针对前两类的国际科技组织），以及在已有的（通常并非专门针对某一技术的国际组织，如世界贸易组织等）国际组织中针对交叉的领域参与治理改革。从国家层面来说，首先，任何国际科技治理的前提都是强化内部治理，尤其是针对新兴技术。在此基础上，国家可以在与国际科技组织的互动中进一步提出统一的治理标准或直接参与治理改革。

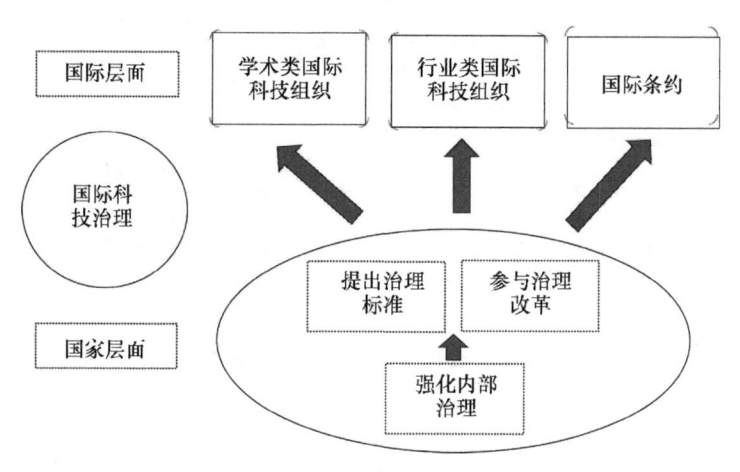

图 9-1 国家如何参与国际科技治理

第三节 合成生物学的国际治理体系

就合成生物学而言，这是一个快速发展的领域，因其涉及技术的复杂性，合成生物学的国际治理体系也较为复杂，有多重治理机构，具体如图 9-2 所示，主要包括三类：学术类国际科技组织、行业类国际科技组织和国际条约。学术类和行业类国际科技组织一般都是社会组织，学术类国际科技组织包括国际基因工程技术竞赛（iGEM）、BioBricks 基金会（还包括一本国际学术期刊），主要从学术对话层面促进国际合作。行业类国际科技组织包括国际基因合成联盟（IGSC）和全球生物工厂联盟（Global Biofundry Alliance，GBA），通过技术行业交流促进合成生物学的发展。国际条约主要以《联合国生物多样性公约》及议定书为主，关注合成生物学对生物多样性的影响，同时在人类健康、环境等合成生物学可能产生影响的其他领域还有相关国际条约和一些社会组织起到了治理的约束作用。三种国际科技组织之间还有可能产生互动。

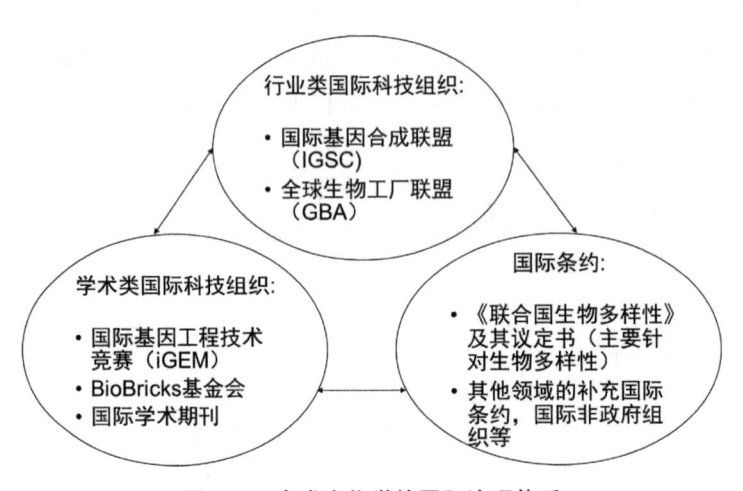

图 9-2 合成生物学的国际治理体系

一 学术类国际科技组织

1. 学术竞赛：国际基因工程技术竞赛（iGEM）

国际基因工程技术竞赛（International Genetically Engineered Machine Competition，iGEM）是一年一度的世界级合成生物学竞赛。该竞赛由麻省理工学院于 2004 年首创，旨在培养合成生物学人才，促进各国大学本科生在该领域的学习、交流与合作。iGEM 通过标准化部件和开放共享来

第九章　国际发展背景下中国与国际科技类组织的合作：以合成生物学为例

促进合成生物学的发展，并鼓励学生在这个领域中进行研究和创新。每年，大赛主办方提供给各参赛队伍一份 DNA 标准样本库，各队自行选题并通过设计和模型分析，将所需样本导入现有的生物体系。此外，iGEM 还提供了一系列资源和工具，如标准化部件库和在线教育课程，以帮助学生更好地理解合成生物学并进行相关研究。目前，该项赛事的规模及影响力逐年扩大，截至 2018 年，参赛团队扩大到 340 个，覆盖了全球 42 个国家，共计 5000 多名参与者。中国大学也踊跃参赛，2019 年，中国共有 128 支队伍参赛。中国学生的表现也十分优秀，2007 年参赛以来，共获得 3 次大学生总冠军和 2 次高中生总冠军（张先恩，2019）。

2. 学术会议：BioBricks 基金会及 SB X. 0 会议

BioBricks 基金会（BioBricks Foundation，BBF）是专注于先进生物技术，包括合成生物学的基金会，由麻省理工学院的计算机科学与人工智能实验室高级研究科学家 Tom Knight 和生物工程系首席研究工程师 Randy Rettberg 两人创立，前者被誉为合成生物学之父，发起了标准生物部件注册（Registry of Standard Biological Parts）和 iGEM 竞赛。他还发明了 BioBrick™ 基因部件物理组成的标准，为 iGEM 竞赛奠定了基础。后者同时兼任国际基因工程机器（iGEM）竞赛的协调员，可以说两位学者都是该领域国际交流的领先推动者。BBF 的主要赞助者是世界各国科研机构。

该基金会的主要活动之一是举办 SB X. 0 会议，这是一个重要的国际合成生物学会议，旨在团结国际合成生物学界，以全新的眼光审视合成生物学面临的关键主题和挑战。参与者包括来自世界各地的领先研究人员、学生、行业高管和政策制定者。

最近一次的会议是于 2017 年 6 月 13—16 日于新加坡召开的 SB7. 0（The Seventh International Meeting on Synthetic Biology）；SB6. 0 于 2013 年 7 月 9—11 日在伦敦帝国理工学院召开，在此前 SB X. 0 都是两年召开一次，在美国、欧洲和亚洲轮流举行，以鼓励全球参与和合作，从而使合成生物学研究和开发的成果最有可能符合安全伦理。在 SB 7. 0 上的主要创新是合成酵母基因组计划。此外，在 SB 7. 0 会议上，总部位于美国的 Twist Bioscience 公司（主要业务是 DNA 合成加速科学和创新）与基金会共同宣布了一项开创性的协议，他们将向合成生物学界提供10000个基因。这一生物科学协议代表了首次向研究界免费提供合成DNA的多个基因组等效物。斯坦福大学生物工程副教授兼BioBricks基金会主席Drew Endy博士认为，虽然目前大多数生物技术还没有被想象出来，更不用说实现，但是通过每个人共同努力创建一个免费使用的基因词典，更多的人将能够从生物学中受益，并成为生物技术的"公民"。

除BioBricks基金会外，SB 7.0还由SynBioBeta和Open Philanthropy提供了赞助，后者向BioBricks基金会提供15.295万美元的赠款。BioBricks基金会使用这笔赠款支持会议上的生物安全小组讨论和发展名为"SB 7.0生物安全奖学金"的计划（该奖学金计划是与约翰斯·霍普金斯健康安全中心合作组织的，汇集了来自20个国家/地区的30名早期职业科学家和政策制定者，讨论合成生物学背景下的生物安全性。

由Biobricks基金会提出的OpenMTA协议中，在全球范围内有不少签署方，包括美国、欧洲、澳大利亚等地的学术机构、企业、社区实验室、个人，说明目前有很多机构认可该基金会的活动。

3. 学术期刊："Synthetic Biology"

目前，在学术界已经由牛津大学出版社出版了合成生物学的专门期刊"Synthetic Biology"，于2016年创刊，一年一卷，今年为第七卷。"Synthetic Biology"是一个新的开放获取期刊，涵盖了合成生物学的各个方面[①]。该期刊的目的是为原始研究论文、评论，实际项目报告提供一个论坛，并就与合成生物学相关的主题进行深入讨论。在47位编委会成员中，有来自中国的清华大学的陈国强教授。

二 行业类国际科技组织

1. 国际基因合成联盟（IGSC）

国际基因合成联盟（International Gene Synthesis Consortium，IGSC）是一个由行业主导的基因合成公司和组织组成的国际行业联盟，旨在设

---

① 包括遗传电路设计，计算方法，遗传系统和电路设计，病毒工程，细胞设计和构建，组装平台，DNA合成，合成宏基因组学，途径构建，基因优化，蛋白质工程，代谢工程，程序进化，细胞制造，数学建模和工程过程。

计和应用通用协议来筛选合成基因订单的序列和下达订单的客户。此外，该联盟还与国家和国际政府组织以及其他相关方合作，在维护生物安全的同时促进基因合成技术的有益应用。IGSC 成立于 2009 年，负责筛选合成基因序列，以识别受监管的病原体序列和其他潜在危险序列。通过筛选有序基因的序列和审查客户，IGSC 成员帮助研究人员和合成生物学界认识到基因合成技术的诸多好处，同时将风险降至最低。2009 年成立以来，IGSC 的国际成员数量不断增加，其合成能力已发展到约占全球基因合成能力的 80%。目前有约 30 家来自世界各地的公司，中国加入 IGSC 的公司有华大基因、擎科生物。

2. 全球生物工厂联盟（GBA）

全球生物工厂联盟（Global Biofoundry Alliance）是世界范围内生物工厂①的行业联盟。该组织的作用是在联盟成员之间进行协调，并在可能的情况下促进集体行动和共享竞争前基础设施、开放标准、协议、最佳实践、生物部件和数据。这还涉及探索标准化法律工具以降低共享交易成本，包括 OpenMTA7。该联盟还通过报告成功案例和积极影响，提高人们对生物工厂的作用和重要性的认识。该联盟开展的其他活动还涉及可持续商业模式的交流，以降低交易和运营成本以及扩大用户群的方法；人员交流（包括为生物铸造设施的研究人员和用户制订教学和培训计划）。中国参与该联盟的生物工厂包括中国科学院深圳先进技术研究院、上海交通大学、天津大学、浙江大学。

三 国际条约

联合国曾制定了与生物多样性相关的国际条约。这些国际条约也影响到了合成生物学的学科发展。相较于学术类和行业类国际科技组织更注重合成生物学的学科发展和对经济人类社会发展的贡献，国际条约从更多伦理角度对合成生物学的发展进行约束。对合成生物学的发展具有最重要意义的公约是 1993 年生效的《联合国生物多样性公约》，这是审

---

① 生物工厂（Biofoundry）是配备了自动化和机器人技术，用于设计、构建和测试基因结构的研究设施，是推动合成生物学研究的关键工具。

议合成生物学监管问题的主要国际论坛（Keiper & Atanassova，2020）。《联合国生物多样性公约》有三个主要目标：保护生物多样性、可持续利用生物多样性的组成部分、公正和公平地分享利用遗传资源所产生的惠益，这三点都对合成生物学的国际治理具有深远的影响。在《联合国生物多样性公约》的基础上，联合国相继通过了《卡塔赫纳生物安全议定书》（管理改性活生物体（LMOs）① 的越境转移和安全使用）、《名古屋议定书》（聚焦遗传资源的获取和惠益分享）、《名古屋—吉隆坡补充议定书》（规定了与改性活生物体有关的赔偿责任和补救领域的国际规则等）三个补充条约。

在《联合国生物多样性公约》之下，与生物多样性密切相关的合成生物学的潜在治理议题有如下三点。第一，所有权。围绕数字序列信息（Digital sequence information，DSI）交换和使用的不断变化的科技、法律、制度环境会影响遗传资源的获取和惠益分享协定（Access and benefit-sharing，ABS）框架。新技术如合成生物学使 ABS 框架确定资源所有权的难度提升，从而令 DSI 交换的监测变得极具挑战性。第二，生物遏制。在某些情况下，合成生物学的应用最终可能导致改性活生物体的环境释放，这将干扰自然进化过程和生物多样性，且人们无法预测生物体行为和其对周围环境的影响。第三，干扰进化。合成生物学家直接参与分子进化，特别是基因驱动可能与《联合国生物多样性公约》产生冲突（Lai, et al., 2019）。

以《联合国生物多样性公约》框架为主的合成生物学的治理议题局限在了合成生物学对生物多样性的影响上，没有涉及对其他（如人类健康、环境等）层面的影响，这些问题由其他国际机制提供补充，《联合国生物多样性公约》及其议定书对于合成生物学的讨论也受到这些文书的影响。《禁止生物武器公约》和《禁止为军事或任何其他敌对目的使用改变环境的技术的公约（环境战公约）》从国际安全角度补充了《联合国生物多样性公约》对合成生物学的治理；世界卫生组织主要关注合

---

① 指任何具有凭借现代生物技术获得的遗传材料新异组合的活生物体（资料来源：《卡塔赫纳议定书》第 3 条 g 款）。

成生物学对健康卫生的影响，并重点关注《名古屋议定书》对公共卫生的影响；国际自然保护联盟（IUCN）在 2016 年开始关注合成生物学，成立了合成生物学工作组和技术小组，开展了与自然保护有关的合成生物学技术评估；在获取和惠益分享方面，除《名古屋议定书》之外，数个国际机制在讨论用于合成生物学的数字序列信息是否可以被视为遗传资源，包括《粮食和农业植物遗传资源国际条约》、世界卫生组织的《大流行性流感防范框架》，以及在《联合国海洋法公约》框架下正在拟定的关于养护和可持续利用国家管辖范围以外区域海洋生物多样性的国际协定；在贸易方面，联合国《濒危野生动植物种国际贸易公约》开始讨论在国际贸易中替代或类似于其所列物种产品的合成生物学产品，对合成生物学的环境释放和跨界移动有一定影响，其他有关知识产权保护的公约还没有专门针对合成生物学的工作计划，今后可能会产生更大影响。

目前，由国际条约和一些社会组织引导的合成生物学至少存在以下四个方面的问题。

首先，如今与合成生物学有关的国际治理机制并非专门为合成生物学制定，而是相关治理框架在合成生物学上的套用，这主要体现在生物安全相关的联合国公约上。随着合成生物学的不断演进变化，其监管框架也必须要不断地与时俱进。

其次，不同的治理框架即使针对的都是合成生物学，但因角度不同，可能出现矛盾之处。如 LM 蚊子一例，世界卫生组织看来是以健康为导向的合成生物学的应用，但其环境释放可能不符合《联合国生物多样性公约》的规章。

再次，针对合成生物学的治理都过于保守，没有从学科本身出发，如 Keiper 和 Atanassova（2020）提到，科学界对合成生物学普遍有种积极态度，这与 CBD 的审慎态度形成鲜明对比。生物技术可能也会为生物多样性作出贡献。积极纳入科学界的声音对合成生物学的治理起着重要作用。

最后，目前合成生物学的国际治理的各个机制主要根据不同背景涉及合成生物学的具体方面，需要对合成生物学采取更全面的国际治理方法（CBD，2022：150）。

总体而言，与合成生物学相关的国际治理和监管是复杂的，因而协调、合作、能力建设、知识共享、技术转让和交流至关重要，因为它们关系到国际层面最佳做法和共同原则的发展。例如，具有重叠或互补任务的国际组织开展合作。以合成生物学为重点的财团的参与和多方利益相关者倡议可以促进政府、学术界和工业界之间的协调以及规范的制定和采用。如果缺乏在合成生物学的开发、传播、潜在监管和潜在使用中发挥关键作用的各种实体和利益攸关方的支持，合成生物学的治理就无法成功推进。合成生物学社区和监管机构之间的公开对话有助于应对来自社会的任何关切。监管机构还应定期进行独立的前景扫描或前瞻性研究，让公众和利益相关方充分参与，以此来补充这些对话，从而提高透明度、建立信任并利用各种专业知识来源。

第四节　中国参与国际科技治理：以合成生物学为例

结合第二节分析的国家与国际科技组织互动的国际治理体系和第三节合成生物学的国际治理体系，总体而言，中国参与国际科技治理的方式有三步：第一、中国首先需要在国家内部提升监管能力。在已有监管体系的基础上，增加合成生物学的视角，以学术研究为主线，开展以研究为基础的行业发展和技术监管。第二、国内已有的涉及生物安全的政府部门应加强统筹管理，形成统一的治理框架和公开信息平台，便于国内外学术界和业界的信息交流。最后，在前两点的基础上，中国可以积极在国际社会主导协调、合作、知识共享和交流（具体如图9-3所示）。

一　开展以研究为基础的行业发展和技术监管

目前中国国内对生物安全的监管大部分还是从转基因技术角度出发，没有把学术界和产业界的合成生物学的发展纳入到监管中。这一现象并非中国独有，其他国家也有类似的倾向。因此，中国参与合成生物学的国际治理的第一步就是要积极加强学界、市场、政府监管间的互动，加强对合成生物学的聚焦。正如《联合国生物多样性报告》中所呼吁的，

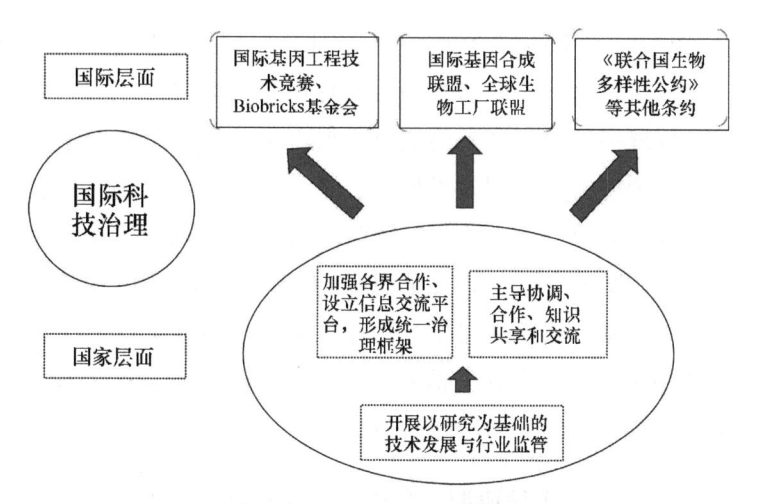

第九章 国际发展背景下中国与国际科技类组织的合作：以合成生物学为例

图 9-3 中国参与合成生物学国际治理的途径

政府的监管应以强有力的科学依据作支撑，同时也要注意积极纳入产业界的视角，这点在全世界都非常欠缺。中国政府可以在生态环境部、农业农村部、自然资源部和海关总署等部门以引进合成生物学的研究人员的方式，提升工作人员的配比。一方面，现有的监管部门以转基因生物为主，另一方面，一旦监管机构拥有更多科学性，就能起到示范作用。中国政府已经在研究中投入了很多资金，若能进一步将研究与监管结合，形成良性互动，特别是让公众和利益相关方充分参与，将极大鼓动合成生物学的良性发展，同时为国际社会做出良好示范。

二 加强各界合作、设立信息交流平台，形成统一治理框架

中国国内对合成生物学的治理涉及四个部门，主要监管部门是生态环境部，负责生物安全的国内监管与对外交流，其余三个部门农业农村部、自然资源部和海关总署分别对生物安全在农业食品、林业资源和进出口贸易三个方面进行监管。这些部门都围绕转基因生物对各自管辖领域的影响展开监管。虽然都是针对转基因生物，但是各部门之间的交流不频繁，可能会造成行政上的额外成本。若能由生态环境部牵头设立生物安全（包括合成生物学）监管中心，下设农业、林业、贸易等不同分支机构，既可以提高行政效率，又能促进不同监管领域之间的信息交流。

在 2020 年颁布的《生物安全法》中，中国已经提到建立统一的国家生物安全信息平台，这一公开信息平台也可由生态环境部主导的生物安全监管中心进行统一管理。公开的信息平台有助于各界掌握合成生物学的各方面信息，理想情况是同时设置中、英文网页，便于国际社会了解中国对生物安全、合成生物学的监管情况。2022 年《联合国生物多样性公约》第 15 次大会已经提出了《昆明-蒙特利尔全球生物多样性框架》，若中国能在国内监管层面加强生物安全的能力建设，落实并完善《生物安全法》的细则，无疑会提升监管能力，接近国际社会的治理标准，更加有利于参与合成生物学的国际治理。

三 主导协调、合作、知识共享和交流

各国对合成生物学的治理和发展模式各有差异，不同监管制度之间出现矛盾是不可避免的情况。同时鉴于合成生物学的国际性，国际交流合作又十分必要。因此，中国需要在各个领域积极开展甚至主导国际交流，这是参与合成生物学国际治理的最佳方式。

首先，各国需要就何种产品或技术隶属于合成生物学的范畴达成共识。合成生物学的衍生产品和可能产生的影响难以估计，因此中国可以就擅长的领域，如化工、能源、环保积极开展国际学术交流，积极与国际组织对话，力争做相关领域的国际主导者。在关注度不高的领域，作为参与者加入学术型和行业性国际科技组织的国际交流，补充知识短板，加强对合成生物学的全面了解。

其次，中国可以就监管开展相关政府部门间的双边对话。比如，在中国和美国的专家们于 2019 年在华盛顿特区共同举办了一次名为"合成生物学时代中国和美国面临的挑战"的二轨对话[①]。这次对话旨在探讨合成生物学领域的生物安全风险，并就如何应对这些风险制定策略。与会者包括来自中国和美国的技术、政策、法律和管理方面的专家。这种非正式的交流方式有助于增进两国之间的相互理解和信任，推动双方在

---

① "Track Ⅱ对话"是指非官方的、由民间组织或个人发起的、旨在促进国际关系和解决国际问题的对话。

合成生物学领域进行更深入、更广泛的合作。中、美的二轨对话也为国家间有关合成生物学的合作提供了可能性。

最后，中国可以发挥在世界卫生组织等中的影响力，积极主导合成生物学的国际治理平台建设。目前国际上延用了生物安全领域的治理框架，对合成生物学的治理还相对零碎和片面。中国可以在国内统合合成生物学治理平台的基础上，通过政府部门的双边对话增加互信，最终积极与合成生物学的学术类、行业类国际科技组织互动，以及国际条约等组织中开创国际合作交流对话机制。

结　论

本章以合成生物学为例，探讨了中国如何与国际科技组织合作，参与（尤其是新兴技术的）国际科技治理。本章首先讨论了国家参与国际科技治理的模式，认为国家需要在强化内部治理的基础上，在国际科技组织中提出治理标准或参与治理改革。其次分析了合成生物学的国际治理体系，主要分为三类组织，学术类国际科技组织包括学术竞赛、学术会议和学术期刊；行业类国际科技组织的分类更为细致；针对某一专门的合成生物学技术（目前已有的是基因合成和生物工厂）。

国际条约以《联合国生物多样性公约》及补充议定书为基础框架，但是这一框架主要围绕生物多样性。其他社会组织、条约补充了合成生物学在生物安全、人类健康、自然保护等方面的治理，但是皆不是从合成生物学本身出发，而是已有生物安全等框架在合成生物学上的套用，具有一定局限性。

总体而言，在合成生物学领域，目前国际上主要国家以及国际体系都面临着相同的治理问题。要参与合成生物学的国际治理，中国首先要加强自身的监管体系，包括在已有治理框架的基础上加入合成生物学的视角，开展以研究为基础的行业发展和监管体系，并加强各界合作，形成统一的治理框架等。在此基础上，中国可以在自己的优势领域主导协调和交流，开展政府间的双边对话，并依托在一些国际组织的优势地位建设合成生物学的国际治理平台。

参考文献

中文文献

安姗姗、蓝煜昕：《国际发展援助中非政府组织如何协同建构国家软实力——来自发达国家的经验》，《国外社会科学》2019年第5期。

蔡定剑主编：《公众参与风险社会的制度建设》，法律出版社2009年版。

蔡礼强、刘力达：《发达国家社会组织参与对外援助的制度吸纳与政策支持——基于美英德日法五国的比较分析》，《国外社会科学》2019年第5期。

陈尧、马梦妤：《项目制政府购买的逻辑：诱致性社会组织的"内卷化"》，《上海交通大学学报》（哲学社会科学版）2019年第4期。

程聪、贾良定：《我国企业跨国并购驱动机制研究——基于清晰集的定性比较分析》，《南开管理评论》2016年第6期。

崔巍：《1961年以来美国政府资助民间志愿组织的政策演进研究》，博士学位论文，外交学院，2016年。

杜运周、贾良定：《组态视角与定性比较分析（QCA）：管理学研究的一条新道路》，《管理世界》2017年第6期。

杜运周等：《复杂动态视角下的组态理论与QCA方法：研究进展与未来方向》，《管理世界》2021年第3期。

国务院办公厅：《国务院办公厅关于政府向社会力量购买服务的指导意见》，《中国社会组织》2013年第10期。

贺文萍：《从"援助有效性"到"发展有效性"：援助理念的演变及中国经验的作用》，《西亚非洲》2011年第9期。

黄梅波、郎建燕：《主要发达国家对外援助管理体系的总体框架》，《国际经济合作》2011年第1期。

江永清：《创新券：发达国家购买服务支持创新创业的重要举措》，《中国行政管理》2017年第12期。

李华俊、赵立新、余湛：《政府购买社会组织服务与政府职能转变——关系、困境和出路》，《江汉学术》2020年第6期。

李小云：《发展援助的未来：西方模式的困境和中国的新角色》，中信出版集团2019年版。

李兴乾：《国际有效援助的管理困境》，《国家行政学院学报》2007年第6期。

刘力达、蔡礼强：《发达国家支持社会组织参与对外援助的主要政策工具研究——基于美英德日法五国的比较分析》，《国外社会科学》2021年第1期。

刘民权、张玲玉：《构建公平有效的国际发展援助及合作体系》，《学习与探索》2017年第12期。

刘晓洲、窦笑晨：《凭单制政府购买公共服务：一般机制与中国实践》，《天津行政学院学报》2019年第2期。

罗学优、程如烟：《国际科技组织的地区和国别分布研究》，《科技管理研究》2013年第2期。

马全中：《政府向社会组织购买公共服务项目制模式研究——基于广东欠发达地区的购买实践》，《领导科学》2019年第8期。

桑颖：《政策过程视角下私人志愿组织参与美国对外援助政策研究——以美国凯尔为例》，《国际关系研究》，2018年第2期。

舒伟超：《二战后日本对外援助政策分析——基于〈发展合作大纲〉分析》，硕士学位论文，华中师范大学，2021年。

谭海波、范梓腾、杜运周：《技术管理能力、注意力分配与地方政府网站建设——一项基于TOE框架的组态分析》，《管理世界》2019年第9期。

陶克涛、张术丹、赵云辉：《什么决定了政府公共卫生治理绩效？——基于QCA方法的联动效应研究》，《管理世界》2021年第5期。

汪淳玉、王伊欢：《国际发展援助效果研究综述》，《中国农业大学学报》（社会科学版）2010 年第 3 期。

王清：《项目制、常规制与混合制：对政府购买服务中横向部门差异的分析》，《四川大学学报》（哲学社会科学版）2016 年第 5 期。

王新影：《美国对外援助评估机制及启示研究》，《亚非纵横》2014 年第 6 期。

王学梦、董国礼：《超越行政雇佣制和项目外包制？——复合型政府购买公共服务策略研究》，《中国农业大学学报》（社会科学版）2020 年第 4 期。

吴佩译：《美国对外援助中的私人志愿者组织与政府援助合作研究》，硕士学位论文，北京外国语大学，2017 年。

薛泽林、孙荣：《分层项目制：上海市推进政府购买公共服务的经验与启示》，《上海行政学院学报》2017 年第 6 期。

颜克高：《中国社会组织参与对外援助 70 年：经验、问题与展望》，《国外社会科学》2021 年第 1 期。

杨安华：《美国地方政府回购公共服务问题研究》，中国社会科学出版社 2018 年版。

杨理伟：《全球科技治理中国际科技组织的发展与运作机制：模式演进与路径重构》，《科技管理研究》2023 年第 12 期。

尹广文：《项目制治理：一种新的社会组织治理的理论与实践》，《广西师范大学学报》（哲学社会科学版）2016 年第 3 期。

张明、杜运周：《组织与管理研究中 QCA 方法的应用：定位、策略和方向》，《管理学报》2019 年第 9 期。

张霞：《美国国际开发署与非政府组织的合作模式》，《国际资料信息》2011 年第 1 期。

张先恩：《中国合成生物学发展回顾与展望》，《中国科学：生命科学》2019 年第 12 期。

赵剑治：《国际发展合作：理论、实践与评估》，中国社会科学出版社 2018 年版。

赵剑治、敬乂嘉、欧阳喆：《新兴援助国对外发展援助的治理结构研究：

基于部分金砖国家的比较分析》,《中国行政管理》2018 年第 2 期。

赵剑治、欧阳喆:《战后日本对外援助的动态演进及其援助战略分析——基于欧美的比较视角》,《当代亚太》2018 年第 2 期。

郑钦:《公益创投:政府购买公共服务的新模式——以浙江宁波为例》,《领导科学》2017 年第 32 期。

郑宇:《援助有效性与新型发展合作模式构想》,《世界经济与政治》2017 年第 8 期。

周批改、周亚平:《国外非营利组织的资金来源及启示》,《东南学术》2004 年第 1 期。

邹加怡:《从"补缺"到"杠杆"——关于发展援助理论的评介与探讨》,《世界经济》1993 年第 6 期。

[德] 克劳斯·奥菲:《福利国家的矛盾》,郭忠华等译,吉林人民出版社 2006 年版。

[德] 魏伯乐、[美] 奥兰·扬、[瑞士] 马塞厄斯·芬格主编:《私有化的局限》,王小卫、周缨译,刘昶审订,上海三联书店、上海人民出版社 2006 年版。

[美] 阿比吉特·班纳吉、[法] 埃斯特·迪弗洛:《好的经济学:破解全球发展难题的行动方案》,张缘、蒋宗强译,中信出版集团股份有限公司 2020 年版。

[美] 菲利普·库珀:《合同制治理——公共管理者面临的挑战与机遇》,竺乾威、卢毅、陈卓霞译,兰乾威校,复旦大学出版社 2007 年版。

[美] 迈克尔·豪利特、[美] M. 拉米什:《公共政策研究:政策循环与政策子系统》,庞诗等译,尹宏毅、庞诗校,生活·读书·新知三联书店 2006 年版。

[美] E.S. 萨瓦斯:《民营化与公私部门的伙伴关系》,周志忍等译,中国人民大学出版社 2017 年版。

[美] 托马斯·R·戴伊:《理解公共政策(第十二版)》,谢明译,中国人民大学出版社 2011 年版。

[美] 威廉·伊斯特利:《经济增长的迷雾:经济学家的发展政策为何失败》,姜世明译,中信出版集团股份有限公司 2016 年版。

[美] 珍妮特·V·登哈特、[美] 罗伯特·B·登哈特:《新公共服务: 服务,而不是掌舵》,丁煌译,中国人民大学出版社 2014 年版。

英文文献

Ahmed, Shamima, and David M. Potter, *NGOs in International Politics*, Vol. 48, Bloomfield, CT: Kumarian Press, 2006.

Alexander, Jennifer, Renee Nank, and Camilla Stivers, "Implications of welfare reform: Do nonprofit survival strategies threaten civil society?", *Nonprofit and Voluntary Sector Quarterly*, Vol. 28, No. 4, 1999.

Amirkhanyan, Anna A., and Kristina T. Lambright, *Citizen Participation in the Age of Contracting: When Service Delivery Trumps Democracy*, Routledge, 2017.

Amirkhanyan, Anna A., Hyun Joon Kim, and Kristina T. Lambright, "Do relationships matter? Assessing the association between relationship design and contractor performance", *Public Performance & Management Review*, Vol. 34, No. 2, 2010.

Andersen, Ole Winckler, "Some thoughts on development evaluation processes", *IDS Bulletin*, Vol. 45, No. 6, 2014.

Andreoni, James, and A. Abigail Payne, "Do government grants to private charities crowd out giving or fund-raising?", *American Economic Review*, Vol. 93, No. 3, 2003.

Ansell, Chris, and Alison Gash, "Collaborative governance in theory and practice", *Journal of Public Administration Research and Theory*, Vol. 18, No. 4, 2008.

Arellano, Manuel, and Stephen Bond, "Some tests of specification for panel data: Monte Carlo evidence and an application to employment equations", *The Review of Economic Studies*, Vol. 58, No. 2, 1991.

Arimoto, Yutaka, and Hisaki Kono, "Foreign aid and recurrent cost: Donor competition, aid proliferation, and budget support", *Review of Development Economics*, Vol. 13, No. 2, 2009.

Ashley, Shena R., and David M. Van Slyke, "The influence of administrative cost ratios on state government grant allocations to nonprofits", *Public Administration Review*, Vol. 72, No. s1, 2012.

Ashley, Shena, and Lewis Faulk, "Nonprofit competition in the grants marketplace: Exploring the relationship between nonprofit financial ratios and grant amount", *Nonprofit Management and Leadership*, Vol. 21, No. 1, 2010.

Atouba, Yannick, and Michelle Shumate, "Interorganizational networking patterns among development organizations", *Journal of Communication*, Vol. 60, No. 2, 2010.

Banks, Nicola, David Hulme, and Michael Edwards, "NGOs, states, and donors revisited: Still too close for comfort?", *World Development*, Vol. 66, 2015.

Barnett, Michael, "Humanitarianism transformed", *Perspectives on Politics*, Vol. 3, No. 4, 2005.

Baumgartner, Michael, and Alrik Thiem, "Often trusted but never (properly) tested: evaluating qualitative comparative analysis", *Sociological Methods & Research*, Vol. 49, No. 2, 2020.

Bebbington, Anthony J., Samuel Hickey, and Diana C. Mitlin, eds., *Can NGOs Make a Difference?: The Challenge of Development Alternatives*, Bloomsbury Publishing, 2008.

Bel, Germà, Xavier Fageda, and Mildred E. Warner, "Is private production of public services cheaper than public production? A meta-regression analysis of solid waste and water services", *Journal of Policy Analysis and Management*, Vol. 29, No. 3, 2010.

Berlin, Nancy, Jan Masaoka, and Mary Jo Schumann, "Two-legged stool: New findings from California on nonprofits and overhead", *Nonprofit Policy Forum*, Vol. 8, No. 2, 2017.

Berthélemy, Jean-Claude, "Bilateral donors' interest vs. recipients' development motives in aid allocation: do all donors behave the same?", *Review of*

Development Economics, Vol. 10, No. 2, 2006.

Bhavan, T., Changsheng Xu, and Chunping Zhong, "Growth effect of foreign aid and volatility in South Asia", *International Journal of Development Issues*, Vol. 10, No. 3, 2011.

Bhavan, T., Xu, C., & Zhong, C., Growth effect of foreign aid and volatility in South Asia. *International Journal of Development Issues*, Vol. 10, No. 3, 2011.

Biermann, Frank, and Steffen Bauer, "Assessing the effectiveness of intergovernmental organisations in international environmental politics", *Global Environmental Change*, Vol. 14, No. 2, 2004.

Bowman, Woods, "Should donors care about overhead costs? Do they care?", *Nonprofit and Voluntary Sector Quarterly*, Vol. 35, No. 2, 2006.

Braaten, Daniel, Maui Orozco, and Jonathan R. Strand, "Voting for Green? US Support for Environmental Projects in the Multilateral Development Banks", *The Journal of Environment & Development*, Vol. 28, No. 1, 2019.

Bracho, Gerardo, et al., *Origins, evolution and future of global development cooperation: The Role of the Development Assistance Committee (DAC)*, No. 104. Studies, 2021.

Brinkerhoff, Jennifer M., "Government-nonprofit partnership: A defining framework", *Public Administration and Development*, Vol. 22, No. 1, 2002.

Brown, Trevor L., Matthew Potoski, and David M. Van Slyke, "Complex contracting: Management challenges and solutions", *Public Administration Review*, Vol. 78, No. 5, 2018.

Burger, Ronelle, and Dineo Seabe, "NGO accountability in Africa", In Obadare, Ebenezer, ed. *The Handbook of Civil Society in Africa*, Vol. 20, Springer Science & Business Media, 2013.

Burnside, Craig, and David Dollar, "Aid, policies, and growth", *American Economic Review*, Vol. 90, No. 4, 2000.

Carcelli, Shannon P., "Special interests in foreign policy bureaucracies: Evidence from foreign aid", *The Journal of Politics*, Vol. 85, No. 3, 2023.

Charles, Cleopatra, "Nonprofit arts organizations: Debt ratio does not influence donations—Interest expense ratio does", *The American Review of Public Administration*, Vol. 48, No. 7, 2018.

Charlton, Roger, "NGOs, politics, projects and probity: a policy implementation perspective", *Third World Quarterly*, Vol. 16, No. 2, 1995.

Cheng, J., & Zeng, J., "Shaping AI's future? China in global AI governance", *Journal of Contemporary China*, Vol. 32, No. 143, 2023.

Chikoto, Grace L., and Daniel Gordon Neely, "Building nonprofit financial capacity: The impact of revenue concentration and overhead costs", *Nonprofit and Voluntary Sector Quarterly*, Vol. 43, No. 3, 2014.

Choi, Jin-Wook, and Jina Bak, "Governance and management for better aid effectiveness: a donor country's perspective", *International Review of Public Administration*, Vol. 22, No. 1, 2017.

Clark, Richard, and Lindsay R. Dolan, "Pleasing the principal: US influence in World Bank policymaking", *American Journal of Political Science*, Vol. 65, No. 1, 2021.

Clemens, Michael A., et al., "Counting chickens when they hatch: Timing and the effects of aid on growth", *The Economic Journal*, Vol. 122, No. 561, 2012.

Cohen, Steven, *The Responsible Contract Manager: Protecting the Public Interest in an Outsourced World*, Georgetown University Press, 2008.

Collier, Paul, and Anke Hoeffler, "Aid, policy and growth in post-conflict societies", *European Economic Review*, Vol. 48, No. 5, 2004.

Cooley, Alexander, and James Ron, "The NGO scramble: Organizational insecurity and the political economy of transnational action", *International Security*, Vol. 27, No. 1, 2002.

Davies, Thomas, *NGOs: A New History of Transnational Civil Society*, Oxford University Press, 2014.

De Mesquita, Bruce Bueno, and Alastair Smith, "A political economy of aid", *International Organization*, Vol. 63, No. 2, 2009.

De Mesquita, B. B., & Smith, A., "A political economy of aid", *International Organization*, Vol. 63, No. 2, 2009.

Dietrich, Simone, "Donor political economies and the pursuit of aid effectiveness", *International Organization*, Vol. 70, No. 1, 2016.

DiMaggio, Paul J., and Walter W. Powell, "The iron cage revisited: Institutional isomorphism and collective rationality in organizational fields", *American Sociological Review*, Vol. 48, No. 2, 1983.

Doherty, Susan, and Steven E. Mayer, "Capacity building programs for nonprofit programs", *Journal of Human Development*, Vol. 4, No. 1, 2003.

Dreher, Axel, et al., "Aid allocation by German NGOs: Does the degree of official financing matter?", *The World Economy*, Vol. 35, No. 11, 2012.

Dreher, Axel, FlorianMölders, and Peter Nunnenkamp, "Aid delivery through non-governmental organisations: Does the aid channel matter for the targeting of Swedish aid?", *World Economy*, Vol. 33, No. 2, 2010.

Dreher, Axel, Jan-Egbert Sturm, and James Raymond Vreeland, "Development aid and international politics: Does membership on the UN Security Council influence World Bank decisions?", *Journal of Development Economics*, Vol. 88, No. 1, 2009.

Du, Yunzhou, and Phillip H. Kim, "One size does not fit all: Strategy configurations, complex environments, and new venture performance in emerging economies", *Journal of Business Research*, Vol. 124, 2021.

Ebrahim, Alnoor, "Accountability in practice: Mechanisms for NGOs", *World Development*, Vol. 31, No. 5, 2003.

Ecer, Sencer, Mark Magro, and Sinan Sarpça., "The relationship between nonprofits' revenue composition and their economic-financial efficiency", *Nonprofit and Voluntary Sector Quarterly*, Vol. 46, No. 1, 2017.

Edwards, Michael, and David Hulme, "Too close for comfort? The impact of official aid on nongovernmental organizations", *World Development*, Vol. 24,

No. 6, 1996.

Edwards, M., & Hulme, D., "Too close for comfort? The impact of official aid on nongovernmental organizations", *World Development*, 24 (6), 961–973.

Eger, Robert J., and Bruce D. McDonald, "Cost accounting for government grants", in Mohr, Zachary, ed., *Cost Accounting in Government: Theory and Applications*, 2017.

Eichenauer, Vera Z., and Bernhard Reinsberg, "What determines earmarked funding to international development organizations? Evidence from the new multi-bi aid data", *The Review of International Organizations*, Vol. 12, No. 2, 2017.

Eikenberry, Angela M., and Jodie Drapal Kluver, "The marketization of the nonprofit sector: Civil society at risk?", *Public Administration Review*, Vol. 64, No. 2, 2004.

Elliott, Odus V., *The Tools of Government: A Guide to the New Governance*, Oxford University Press, 2002.

Fiss, Peer C., "A set-theoretic approach to organizational configurations", *Academy of Management Review*, Vol. 32, No. 4, 2007.

Fiss, Peer C., "Building better causal theories: A fuzzy set approach to typologies in organization research", *Academy of Management Journal*, Vol. 54, No. 2, 2011.

Fleck, Robert K., and Christopher Kilby, "World Bank independence: A model and statistical analysis of US influence", *Review of Development Economics*, Vol. 10, No. 2, 2006.

Fowler, Alan, "Development NGOs", in Edwards, Michael, ed. *The Oxford Handbook of Civil Society*, 2013.

Fruttero, Anna, and Varun Gauri, "The strategic choices of NGOs: Location decisions in rural Bangladesh", *Journal of Development Studies*, Vol. 41, No. 5, 2005.

Galiani, Sebastian, et al., "The effect of aid on growth: Evidence from a quasi-experiment", *Journal of Economic Growth*, Vol. 22, 2017.

Garrow, Eve E., "Receipt of government revenue among nonprofit human service organizations", *Journal of Public Administration Research and Theory*, Vol. 21, No. 3, 2011.

Garven, Sarah A., Mary Ann Hofmann, and Dwayne N. McSwain, "Playing the numbers game: Program ratio management in nonprofit organizations", *Nonprofit Management and Leadership*, Vol. 26, No. 4, 2016.

Gazley, Beth, and Jeffrey L. Brudney, "The purpose (and perils) of government-nonprofit partnership", *Nonprofit and Voluntary Sector Quarterly*, Vol. 36, No. 3, 2007.

Gneezy, Uri, Elizabeth A. Keenan, and Ayelet Gneezy, "Avoiding overhead aversion in charity", *Science*, Vol. 346, No. 6209, 2014.

Greenlee, Janet S., and John M. Trussel, "Predicting the financial vulnerability of charitable organizations", *Nonprofit Management and Leadership*, Vol. 11, No. 2, 2000.

Gregory, AnnGoggins, and Don Howard, "The Nonprofit Starvation Cycle", *Stanford Social Innovation Review*, Vol. 7, No. 4, 2009.

Grønbjerg, Kirsten A., *Understanding Nonprofit Funding: Managing Revenues in Social Services and Community Development Organizations*, San Francisco: Jossey-Bass, 1993.

Gulrajani, Nilima, "Dilemmas in donor design: organisational reform and the future of foreign aid agencies", *Public Administration and Development*, Vol. 35, No. 2, 2015.

Gulrajani, Nilima, "Organising for donor effectiveness: An analytical framework for improving aid effectiveness", *Development Policy Review*, Vol. 32, No. 1, 2014.

Hammerschmidt, Dennis, Cosima Meyer, and Anne Pintsch, "Foreign aid in times of populism: the influence of populist radical right parties on the official development assistance of OECD countries", *Cambridge Review of International Affairs*, Vol. 35, No. 4, 2022.

Hansmann, Henry B., "The role of nonprofit enterprise", *Yale LJ*, Vol. 89, 1979.

Hay, Katherine Eve, and Shubh Kumar-Range, *Making evaluation matter: writings from South Asia*, IDRC, Ottawa, ON, CA, 2014.

Herzer, Dierk, and Peter Nunnenkamp, "Private donations, government grants, commercial activities, and fundraising: Cointegration and causality for NGOs in international development cooperation", *World Development*, Vol. 46, 2013.

Hoebink, P., and Schulpen, L. From plains and mountains: comparing European private aid and government support for private aid organizations, in Hoebink, P., *Private Development Aid in Europe*, Springer, 2014.

Hughes, Patricia, William Luksetich, and Patrick Rooney, "Crowding-out and fundraising efforts: The impact of government grants on symphony orchestras", *Nonprofit Management and Leadership*, Vol. 24, No. 4, 2014.

IUCN, *International Union for Conservation of Nature Annual Report 2019*.

Johnson, Tana, "Cooperation, co-optation, competition, conflict: International bureaucracies and non-governmental organizations in an interdependent world", *Review of International Political Economy*, Vol. 23, No. 5, 2016.

Kaja, Ashwin, and Eric Werker, "Corporate governance at the World Bank and the dilemma of global governance", *The World Bank Economic Review*, Vol. 24, No. 2, 2010.

Keiper, F., & Atanassova, A., Regulation of synthetic biology: developments under the convention on biological diversity and its protocols. Frontiers in bioengineering and biotechnology, 2020.

Kelly, Robert E., "Assessing the impact of NGOs on intergovernmental organizations: The case of the Bretton Woods Institutions", *International Political Science Review*, Vol. 32, No. 3, 2011.

Kelman, S. J., "Contracting", in L. M. Salamon ed., *The Tools of Government: A Guide to The New Governance*, Oxford: Oxford University Press, 2002.

Kelsey, A., Stillinger, D., Pham, T. B., Murphy, J., Firth, S., & Carballar-Lejarazú, R., "Global governing bodies: a pathway for gene drive governance for vector mosquito control", *The American Journal of Tropical Medicine and Hygiene*, Vol. 103, No. 3, 2020.

Kerlin, J. A., "U. S. -based international NGOs and federal government foreign assistance: Out of Alignment", in E. T. Boris & C. E. Steuerle (eds.), *Nonprofits and government: Collaboration and Conflict*, Washington, D. C. : The Urban Insitute Press, 2006.

Kersting, Erasmus K., and Christopher Kilby, "Do domestic politics shape US influence in the World Bank?", *The Review of International Organizations*, Vol. 16, No. 1, 2021.

Kersting, Erasmus K., and Christopher Kilby, "With a little help from my friends: Global electioneering and World Bank lending", *Journal of Development Economics*, Vol. 121, 2016.

Kettl, D. F., *Sharing power: Public governance and private markets*, Washington, D. C. : Brookings Institution Press, 1993.

Kettl, D. F. (2017). *Can governments earn our trust?*. John Wiley & Sons.

Kilby, Christopher, and Katharina Michaelowa, "What influences World Bank project evaluations?", in Dutta, Nabamita, and Claudia R. Williamson, eds., *Lessons on Foreign Aid and Economic Development: Micro and macro perspectives*, Springer Nature, 2019.

Kilby, Christopher, "Donor influence in multilateral development banks: The case ofthe Asian Development Bank", *The Review of International Organizations*, Vol. 1, No. 2, 2006.

Kilby, C., The political economy of conditionality: An empirical analysis of World Bank loan disbursements. *Journal of Development Economics*, Vol. 89, No. 1, 2009.

Kilby, C., Informal influence in the Asian development bank. *The Review of International Organizations*, Vol. 6, 2011.

Kilby, C., The political economy of project preparation: An empirical analysis of World Bank projects. *Journal of Development Economics*, Vol. 105, 2013.

Koch, Development of anonfragmenting distribution surge arrester, Final report, *IEEE Transactions on Power Apparatus & Systems*, PAS-103 (11), 2007.

Kono, Daniel Yuichi, and Gabriella R. Montinola, "The uses and abuses of foreign aid: development aid and military spending", *Political Research Quarterly*, Vol. 66, No. 3, 2013.

Korten, David C., "Third generation NGO strategies: A key to people-centered development", *World Development*, Vol. 15, 1987.

Krishnan, R., Yetman, M. H., & Yetman, R. J., "Expense misreporting in nonprofit organizations", *The Accounting Review*, Vol. 81, No. 2, 2006.

Kuziemko, Ilyana, and Eric Werker, "How much is a seat on the Security Council worth? Foreign aid and bribery at the United Nations", *Journal of Political Economy*, Vol. 114, No. 5, 2006.

Lai, H. E., Canavan, C., Cameron, L., Moore, S., Danchenko, M., Kuiken, T., & Freemont, P. S., "Synthetic biology and the United Nations. Trends in Biotechnology", Vol. 37, No. 11, 2019.

Lamothe, Scott, "How competitive is "competitive" procurement in the social services?", *The American Review of Public Administration*, Vol. 45, No. 5, 2015.

Lecy, Jesse D., and Elizabeth AM Searing, "Anatomy of the nonprofit starvation cycle: An analysis of falling overhead ratios in the nonprofit sector", *Nonprofit and Voluntary Sector Quarterly*, Vol. 44, No. 3, 2015.

Lee, Taedong, "The rise of international nongovernmental organizations: a top-down or bottom-up explanation?", *Voluntas: International Journal of Voluntary and Nonprofit Organizations*, Vol. 21, No. 3, 2010.

Li, J., Zhao, H., Zheng, L., & An, W., "Advances in synthetic biology and biosafety governance", *Frontiers in Bioengineering and Biotechnology*, No. 9, 2021.

Lim, Daniel Yew Mao, and James Raymond Vreeland, "Regional organizations and international politics: Japanese influence over the Asian Development Bank and the UN Security Council", *World Politics*, Vol. 65, No. 1, 2013.

Lindenberg, Marc, "Declining state capacity, voluntarism, and the globalization of the not-for-profit sector", *Nonprofit and Voluntary Sector Quarterly*, Vol. 28, No. S1, 1999.

Lu, Jiahuan, and Jianzhi Zhao, "How does government funding affect nonprofits' program spending? Evidence from international development organizations", *Public Administration and Development*, Vol. 39, No. 2, 2019.

Lu, Jiahuan, "Which nonprofit gets more government funding? Nonprofits' organizational attributes and their receipts of government funding", *Nonprofit Management and Leadership*, Vol. 25, No. 3, 2015.

Lu, J., Fear the government? A meta-analysis of the impact of government funding on nonprofit advocacy engagement. *The American Review of Public Administration*, Vol. 48, No. 3, 2018.

Marwell, Nicole P., and Aaron Gullickson, "Inequality in the spatial allocation of social services: Government contracts to nonprofit organizations in New York City", *Social Service Review*, Vol. 87, No. 2, 2013.

Marwell, Nicole P., and Thad Calabrese, "A deficit model of collaborative governance: Government-nonprofit fiscal relations in the provision of child welfare services", *Journal of Public Administration Research and Theory*, Vol. 25, No. 4, 2015.

Mawdsley, E., L. Savage, and S. M. Kim, "A 'post-aid world'? Paradigm shift in foreign aid and development cooperation at the 2011 Busan High Level Forum", *The Geographical Journal*, Vol. 180, No. 1, 2014.

Mayhew, Susannah H., "Hegemony, politics and ideology: The role of legislation in NGO-government relations in Asia", *Journal of Development Studies*, Vol. 41, No. 5, 2005.

McCleary, Rachel M., and Robert J. Barro, "Private voluntary organizations engaged in international assistance, 1939–2004", *Nonprofit and Voluntary Sector Quarterly*, Vol. 37, No. 3, 2008.

McCleary, Rachel M., *Global Compassion: Private Voluntary Organizations and US Foreign Policy since 1939*, Oxford University Press, 2009.

Mercier, S., Rent-seeking behavior in US international food aid programs. *AEI Economic Perspectives*, 2019.

Miles, Raymond E., et al., "Organizational strategy, structure, and process", *Academy of Management Review* Vol. 3, No. 3, 1978.

Milner, Helen V., and Dustin Tingley, *Sailing the Water's Edge*, Princeton University Press, 2015.

Milner, Helen V., "Why multilateralism? Foreign aid and domestic principal-agent problems", in Hawkins, Darren G., et al., eds., *Delegation and Agency in International Organizations*, Cambridge University Press, 2006.

Milward, H. Brinton, and Keith G. Provan, "Governing the Hollow State", *Journal of Public Administration Research and Theory*, Vol. 10, No. 2, 2000.

Mingst, K. A., *Humanitarian NGOs: Principals or Agents?* San Francisco: International Studies Association, 2008.

Mosley, Paul, "Agricultural performance in Kenya since 1970: Has the World Bank got it right?", *Development and Change*, Vol. 17, No. 3, 1986.

Nikolic, Sara, J. S., and Tomas M. Koontz, "Nonprofit organizations in environmental management: A comparative analysis of government impacts", *Journal of Public Administration Research and Theory*, Vol. 18, No. 3, 2007.

Nikolova, Milena, "Government funding of private voluntary organizations: Is there a crowding-out effect?", *Nonprofit and Voluntary Sector Quarterly*, Vol. 44, No. 3, 2015.

Nunnenkamp, Peter, and Hannes Öhler, "Funding, competition and the efficiency of NGOs: An empirical analysis of non-charitable expenditure of US NGOs engaged in foreign aid", Kyklos, Vol. 65, No. 1, 2012.

Nunnenkamp, Peter, and Hannes Öhler, "Throwing foreign aid at HIV/AIDS in developing countries: Missing the target?", *World Development*, Vol. 39, No. 10, 2011.

Nunnenkamp, Peter, Janina Weingarth, and Johannes Weisser, "Is NGO aid not so different after all? Comparing the allocation of Swiss aid by private and official donors", *European Journal of Political Economy*, Vol. 25, No. 4, 2009.

Oliver, L. B., *Evaluation of Emergency Response: Humanitarian Aid Agencies and Evaluation Influence*, Dissertation. Georgia Institute of Technology and Georgia State University, 2008.

Osborne, S. P., *The New Public Governance?: Emerging Perspectives on the Theory and Practice of Public Governance*, New York: Routledge, 2010.

Parisi, J., *Capacity Building in Nonprofit Organisations in The Development Aid Sector: Explanatory Research of Capacity Building in Indonesia in 2008 and an Investigation into the Diffusion of Capacity Building Techniques Between Sectors*, Dissertation, Southern Cross University, 2009.

Parsons, Linda M., Charlotte Pryor, and Andrea Alston Roberts, "Pressure to manage ratios and willingness to do so: Evidence from nonprofit managers", *Nonprofit and Voluntary Sector Quarterly*, Vol. 46, No. 4, 2017.

Peci, Alketa, Juliana Figale, and Filipe Sobral, "The 'invasion' of manufactured civil society: Government-nonprofit partnerships in a Brazilian state", *Public Administration and Development*, Vol. 31, No. 5, 2011.

Pfeffer, Jeffrey, and Gerald R. Salancik, *The External Control of Organizations: A Resource Dependence Perspective*, New York: Harper & Row. 1978.

Ragin, Charles C., and Peer C. Fiss, "Net effects analysis versus configurational analysis: An empirical demonstration", in Ragin, Charles C., *Redesigning Social Inquiry: Fuzzy Sets and Beyond*, University of Chicago Press, 2009.

Ragin, Charles C., *Redesigning Social Inquiry: Fuzzy Sets and Beyond*, University of Chicago Press, 2009.

Ragin, Charles C., *The Comparative Method: Moving Beyond Qualitative and Quantitative Strategies*, Univ of California Press, 2014.

Rajan, Raghuram G., and Arvind Subramanian, "Aid and growth: What does the cross-country evidence really show?", *The Review of Economics and Statistics*, Vol. 90, No. 4, 2008.

Riddell, R., *Does Foreign Aid Really Work?* Oxford: Oxford University Press, 2007.

Rihoux, Benoît, and Charles C. Ragin, *Configurational Comparative Methods: Qualitative Comparative Analysis (QCA) and Related Techniques*, Sage Publications, 2008.

Roodman, David, "How to do xtabond2: An introduction to difference and system GMM in Stata", *The Stata Journal*, Vol. 9, No. 1, 2009.

Rutzen, D., "Civil society under assault", *Journal of Democracy*, Vol. 26, No. 4, 2015.

Saidel, Judith Richman, *Resource Interdependence: The Relationship Between State Agencies and Nonprofit Organizations*, Dissertation. State University of New York at Albany, 1990.

Salamon, Lester M., and Stefan Toepler, "Government-nonprofit cooperation: Anomaly or necessity?", *Voluntas: International Journal of Voluntary and Nonprofit Organizations*, Vol. 26, No. 6, 2015.

Salamon, Lester M., *Partners in Public Service: Government-nonprofit Relations in the Modern Welfare State*, Baltimore, MD: Johns Hopkins University Press. 1995.

Salamon, Lester M., S. Wojciech Sokolowski, and Megan A. Haddock, *Explaining Civil Society Development: A Social Origins Approach*, Baltimore, MD: Johns Hopkins University Press, 2017.

Savas, E. S., *Privatization and Public-private Partnerships*, New York: Chatham House, 2000.

Sclar, Elliott, *You Don't Always Get What You Pay for: The Economics of Privatization*, Cornell University Press, 2001.

Secretariat of the Convention on Biological Diversity, Synthetic Biology, CBD Technical Series No. 100. Montreal, 196 pages, 2022.

Secretariat of the Convention on Biological Diversity. 2022. *Synthetic Biolo-*

gy. CBD Technical Series No. 100. Montreal, 196 pages.

Sloan, Margaret F., and Cleopatra Grizzle, "Assessing the impact of federal funding on faith-based and community organization program spending", *Public Budgeting & Finance*, Vol. 34, No. 2, 2014.

Sloan, Margaret F., "The effects of nonprofit accountability ratings on donor behavior", *Nonprofit and Voluntary Sector Quarterly*, Vol. 38, No. 2, 2009.

Smith, Steven Rathgeb, and Kirsten A. Grønbjerg, "Scope and theory of government-nonprofit relations", in Powell, W. W. ed, *The Nonprofit Sector: A Research Handbook*, New Haven, CT: Yale University Press, 2006.

Smith, Steven Rathgeb, and Michael Lipsky, *Nonprofits for Hire: The Welfare State in the Age of Contracting*, Cambridge, M.A.: Harvard University Press. 1993.

Smith, Steven Rathgeb, "The challenge of strengthening nonprofits and civil society", *Public Administration Review*, Vol. 68, No. S1, 2008.

Smolke, C. D., Building outside of the box: iGEM and the BioBricks Foundation. *Nature biotechnology*, Vol. 27, No. 12, 2009.

Sollenberg, Margareta, *A scramble for rents: Foreign aid and armed conflict*, Doctoral dissertation, Department of Peace and Conflict Research, 2012.

Spruyt, Hendrik, *The Sovereign State and its Competitors: an Analysis of Systems Change*, Princeton University Press, 1996.

Steffek, Jens, "Explaining cooperation between IGOs and NGOs-push factors, pull factors, and the policy cycle", *Review of International Studies*, Vol. 39, No. 4, 2013.

Steinberg, Richard, "Empirical relations between government spending and charitable donations", *Journal of Voluntary Action Research*, Vol. 14, No. 2-3, 1985.

Steinberg, Walter W. Powell Richard, *The Nonprofit Sector: A Research Handbook*, Yale University Press, 2006.

Steuerle, C. Eugene, et al., "Meeting social needs through charitable and government resources", in *Nonprofits and Government: Collaboration and Conflict*, 2017.

Stoddard, A., "International Assistance", in Salamon, L. M. ed, *The State of Nonprofit America*, Washington, D. C.: Brookings Institution Press, 2012.

Stone, Melissa Middleton, Mark A. Hager, and Jennifer J. Griffin, "Organizational characteristics and funding environments: A study of a population of United Way-affiliated nonprofits", *Public Administration Review*, Vol. 61, No. 3, 2001.

Strand, Jonathan R., and Tina M. Zappile, "Always vote for principle, though you may vote alone: Explaining United States political support for multilateral development loans", *World Development*, Vol. 72, 2015.

Struyk, Raymond J., "Nonprofit organizations as contracted local social service providers in eastern Europe and the Commonwealth of Independent States", *Public Administration and Development*, Vol. 22, No. 5, 2002.

Suárez, David F., and Nicole Esparza, "Institutional change and management of public-nonprofit partnerships", *The American Review of Public Administration*, Vol. 47, No. 6, 2017.

Suárez, David F., "Collaboration and professionalization: The contours of public sector funding for nonprofit organizations", *Journal of Public Administration Research and Theory*, Vol. 21, No. 2, 2011.

Tang, L., Kuzma, J., Zhang, X., Song, X., Li, Y., Liu, H., & Hu, G., Synthetic biology and governance research in China: a 40-year evolution. *Scientometrics*, Vol. 128, No. 9, 2023.

Tarnoff, Curt, *U. S. Agency for International Development (USAID): Background, Operations, and Issues*, Washington, D. C.: Congressional Research Service, 2015.

Tendler, Judith, "Inside foreign aid", *Journal of Political Economy*, 1975.

Thornton, Jeremy P., "Flypaper nonprofits: The impact of federal grant structure on nonprofit expenditure decisions", *Public Finance Review*, Vol. 42, No. 2, 2014.

Tinkelman, Daniel, and Kamini Mankaney, "When is administrative efficiency associated with charitable donations?", *Nonprofit and Voluntary Sector Quarterly*, Vol. 36, No. 1, 2007.

Toepler, S., "Government funding policies", in Seaman, Bruce A., and Dennis R. Young, eds. *Handbook of research on nonprofit economics and management*, Northampton, M. A.: Edward Elgar, 2010.

Trump, B. D., Cummings, C. L., Kuzma, J., & Linkov, I. (eds.)., *Synthetic biology 2020: Frontiers in Risk Analysis and Governance*, Springer Nature, 2019.

Tuckman, Howard P., and Cyril F. Chang, "A methodology for measuring the financial vulnerability of charitable nonprofit organizations", *Nonprofit and Voluntary Sector Quarterly*, Vol. 20, No. 4, 1991.

U. S. Government Accountability Office, *Foreign Assistance: USAID Relies Heavily on Nongovernmental Organizations, but Better Data Needed to Evaluate Approaches* (GAO-02-471), Washington, D. C.: United States General Accounting Office, 2002.

U. S. Government Accountability Office, *Nonprofit Sector: Treatment And Reimbursement Of Indirect Costs Vary Among Grants, And Depend Significantly On Federal, State, And Local Government Practices* (GAO-10-477), Washington, DC: United States General Accounting Office, 2010.

U. S. Government Accountability Office. (2002). Foreign assistance: USAID relies heavily on nongovernmental organizations, but better data needed to evaluate approaches (GAO-02-471). Washington, DC: United States General Accounting Office.

U. S. Government Accountability Office. (2010). Nonprofit sector: Treatment and reimbursement of indirect costs vary among grants, and depend significantly onfederal, state, and local government practices (GAO-10-477). Washington, DC: United States General Accounting Office.

Van Slyke, David M., "Agents or stewards: Using theory to understand the government-nonprofit social service contracting relationship", *Journal Of Public Administration Research And Theory*, Vol. 17, No. 2, 2007.

Van Slyke, D. M., "The mythology of privatization in contracting for social services", *Public Administration Review*, Vol. 63, No. 3, 2003.

Verbrugge, Boris, and Huib Huyse. (2018), "Donor Relationships with Development CSOs at a Crossroads? A Comparative Study of Changing Funding Realities in 6 European Donor Countries," HIVA, p. 43.

Verschuere, Bram, and Joris De Corte, "The impact of public resource dependence on the autonomy of NPOs in their strategic decision making", *Nonprofit and Voluntary Sector Quarterly*, Vol. 43, No. 2, 2014.

Vreeland, James Raymond, "Corrupting international organizations", *Annual Review of Political Science*, Vol. 22, 2019.

Warner, Mildred E., and AmirHefetz, "Cooperative competition: Alternative service delivery, 2002-2007", in *The Municipal Year Book 2009*, 2009.

Warner, Mildred E., and AmirHefetz, "Pragmatism over politics: Alternative service delivery in local government, 1992-2002", in *The Municipal Year Book 2004*, 2004.

Weisbrod, Burton A., and Nestor D. Dominguez, "Demand for collective goods in private nonprofit markets: Can fundraising expenditures help overcome free-rider behavior?", *Journal of Public Economics*, Vol. 30, No. 1, 1986.

Werker, Eric, Faisal Z. Ahmed, and Charles Cohen, "How is foreign aid spent? Evidence from a natural experiment", *American Economic Journal: Macroeconomics*, Vol. 1, No. 2, 2009.

Wing, Kennard, and Mark Hager, "Who feels pressure to contain overhead costs", *Results from a National Survey. Presentation at the Annual Conference of the Association for Research on Nonprofit Organizations and Voluntary Action*, Los Angeles, CA., 2004.

Wong, Jade, and Andreas Ortmann, "Do donors care about the price of giving? A review of the evidence, with some theory to organise it", *VOLUNTAS: International Journal of Voluntary and Nonprofit Organizations*, Vol. 27, No. 2, 2016.

World Economic Forum, *Global Technology Governance Report*, 2021.

Young, Dennis R., "Alternative models of government-nonprofit sector relations: theoretical and international perspectives", *Nonprofit and Voluntary Sector Quarterly*, Vol. 29, No. 1, 2000.

—— "Fear the government? A meta-analysis of the impact of government funding on nonprofit advocacy engagement", *The American Review of Public Administration*, Vol. 48, No. 3, 2018.

—— "Informal influence in the Asian development bank", *The Review of International Organizations*, Vol. 6, No. 3, 2011.

—— "Managing boundaries in American administration: The collaboration imperative", *Public Administration Review*, Vol. 66, No. S1, 2006, pp. 10-19.

—— "The political economy of conditionality: An empirical analysis of World Bank loan disbursements", *Journal of Development Economics*, Vol. 89, No. 1, 2009.

—— "The political economy of project preparation: An empirical analysis of World Bank projects", *Journal of Development Economics*, Vol. 105, 2013.